Und Ihr sollt ein Segen sein

Ein Praxisbuch für den Umgang
mit Menschen anderer Kulturkreise

Ben Naja
Mussa Sy

ISBN 978-3-933372-04-8
Bestell-Nr. 860.204

Published by Frontiers, Box 263, 9404 Rorschacherberg, Switzerland
and Verlag für Theologie und Religionswissenschaft (VTR),
Gogolstr. 33, 90475 Nürnberg, Germany,
http://www.vtr-online.eu

Die Bibelzitate wurden, wenn nicht anders vermerkt, der revidierten Lutherbibel
von 1984 entnommen.

Umschlaggestaltung: Susanna Hansen, Frontiers
© Umschlagfotos: Matt Brandon
Satz: Susanna Hansen, Frontiers

Printed in Italy

Inhaltsverzeichnis

Vorwort

Als ich das Manuskript des hier vorliegenden Buches in die Hände nahm, dachte ich: „O, noch ein Buch zum Thema Muslime und Islam. Ist das denn nötig? Gibt es nicht schon genug davon?" Die Antwort ergab sich beim Lesen.

Ben Naja und Mussa Sy sind zwei erfahrene und treue Mitarbeiter, die seit vielen Jahren mit hochgekrempelten Ärmeln in der afrikanisch islamischen Welt zupacken. Das vorliegende Buch ist aus ihrer Praxis für Menschen geschrieben, die ihr Leben mit Muslimen zu teilen bereit sind. Es motiviert aber auch Leser, die sich vielleicht erstmals zur Haustür ihres muslimischen Nachbarn wagen wollen.

Einige der in diesem Buch geschilderten Erfahrungen und Gedankengänge mögen etwas fremd erscheinen. Das ist normal, denn nur wenige Leser werden sich nur annähernd so viele und komplexe Gedanken über Muslime, ihre Kultur, ihre Herzen, ihre Familien, etc. gemacht haben wie die beiden Autoren während ihrem langjährigen Dienst unter Muslimen in mehreren islamischen Ländern.

Natürlich gibt es einige praktische Ansätze und Überlegungen, die das afrikanische Umfeld der beiden Autoren nicht ganz verleugnen lassen. Hier liegt einer der Gründe, warum es sich bei dieser Lektüre um ein Praxis- und nicht um ein Handbuch handelt. Fertige Konzepte zu liefern, die sich unüberlegt und eins zu eins auf des Lesers Situation anwenden lassen, ist nicht die Absicht der Autoren.

Vielleicht könnte man das Buch als eine Art schriftlicher Erfahrungsaustausch mit beratender Funktion bezeichnen. Dabei gilt es für den Leser, die gedanklichen Hausaufgaben zu machen. Im Unterschied zu den Muslimen in ihren Heimatländern sind beispielsweise viele von ihnen bei uns in einer kulturellen Umbruchphase, was teilweise zu starkem Identifikationsverlust führt. Solche Menschen reagieren darum verständlicherweise anders als jene in ihrem heimatlichen Umfeld. Das ist bei uns Deutschen, Schweizern und Österreichern übrigens nicht anders. Zuweilen trifft man unter Auswanderern erstaunliche Patrioten an...

Was mir persönlich an diesem Buch besonders gefällt ist die Tatsache, dass hier Menschen am Werk sind, die ihr Leben hingeben, um den Muslimen zum göttlichen Segen zu werden. Das allein macht dieses Buch bereits lesenswert. Es ist keine theoretische Diskussion. Die Basis der hier niedergeschriebenen Gedanken ist das Anliegen Gottes, Menschen zu segnen.

Ich wünsche Ihnen bei der Lektüre dieses Buches viele gute und wertvolle Anstöße zur ganz praktischen Umsetzung eines großen, aber auch sehr schönen Auftrags: Dem liebenden Umgang mit Menschen anderer Kulturkreise.

Röbi Bühler
Frontiers

Einleitung

Seit den Anfängen der Geschichte war es Gottes Ziel, den Menschen zu segnen. Der erste Akt Gottes nach der Schöpfung des Menschen war, ihn zu segnen:

Und Gott segnete sie und sprach zu ihnen...
Genesis 1:28

Als der Mensch sich durch den Sündenfall diesem Segen entzog, begann die große Suche Gottes, die Gemeinschaft mit ihm wieder herzustellen. Genesis 3:6 ist Gottes Antwort auf den Fall des Menschen: „Wo bist du?" Dieser Schrei aus dem Herzen Gottes ist der Ursprung des göttlichen Mandats für seine Gemeinde. Dieses Mandat begann darum nicht erst am Ende des Lebens Jesu, es ist auch nicht eine Erfindung der Kirche, sondern vor allem anderen eine göttliche Initiative, den Menschen zu segnen und ihn in Seiner Gemeinschaft zu haben.

Diese Sehnsucht Gottes, den Menschen zu segnen und mit ihm Gemeinschaft zu haben, kommt in Genesis 12 bei der Berufung Abrahams wieder zum Vorschein:

Und ich will dich zum großen Volk machen und will dich segnen und dir einen
großen Namen machen, und du sollst ein Segen sein. Ich will segnen, die dich
segnen und verfluchen, die dich verfluchen; und in dir sollen gesegnet werden
alle Geschlechter auf Erden.
Genesis 12:2-3

Wörtlich könnte man hier übersetzen: „... und alle Familien der Erde werden in dir gesegnet sein." Durch Abraham, später durch das Volk Israel, und schließlich durch den Messias und seine Nachfolger ist es Gottes Wille, alle Familien dieser Welt zu segnen. Der höchste Segen wird allen Familien dann zuteil, wenn sie den Gesegneten, den Messias, in ihre Mitte aufnehmen und ihm nachfolgen.

Auftrag der Kirche ist nun also nicht, Menschen anderer Religionen zu bekehren, sondern Teil zu sein einer göttlichen Initiative, der Missio Dei mit dem Ziel, alle Menschen zu segnen. Es geht nicht um die große Konfrontation der Religionen, sondern ganz einfach darum, dass Menschen diesen letztendlichen Segen in ihrem Leben erfahren und erleben können.

Noch gibt es unzählige Familien, Stämme und Volksgruppen, die diesen Segen nicht anerkannt und gefunden haben. Der Auftrag der Gemeinde Jesu war schon immer, diesen Segen zu teilen. Das hat sie aber über Jahrhunderte vernachlässigt.

Ein Blick auf die Geschichte zeigt, dass dort, wo die Gemeinde Jesu die Teilung des Segens oder die Missio Dei vernachlässigt hat, Gott es zuließ, dass die anderen Volksgruppen in ihre Länder eindrangen, häufig angezogen durch vermeintlich materiellen Segen. Das scheint heute nicht anders zu sein. Die westlich-christlichen Nationen werden zurzeit richtiggehend überrannt von einem nicht abnehmenden Andrang von Einwanderern aus allen Ländern der Welt. Das schürt in vielen Menschen Ängste – könnte es jedoch sein, dass Gott diese Einwanderung zulässt, um eben gerade diese Völker zu segnen? Könnte es sein, dass hinter dieser Einwanderungswelle eine göttliche Absicht steckt, um sein ursprüngliches Ziel, alle Familien der Erde zu segnen, doch noch zu erreichen, weil es vielleicht keinen anderen Weg dazu gibt?

Das vorliegende Buch jedenfalls will uns Mut machen, den gottgegebenen Auftrag, allen Völkern zu einem Segen zu werden, nachzukommen. Bücher, die andere Weltreligionen beschreiben, gibt es genug. Es ist bestimmt nicht das Ziel, hier ein weiteres Buch zuzufügen. Vielmehr soll es darum gehen, wie wir konkret mit den neuen Herausforderungen umgehen und Gottes Segen vermitteln können.

Kapitel 1

Die biblischen Grundlagen

Die Gemeinde Jesu ist das Mittel, durch das Gott alle Familien dieser Welt segnen will. Ihr hat er diesen Auftrag gegeben, wie dieses Kapitel aufzeigen wird.

1.1. Die Verheißung

Und ich sage dir auch: Du bist Petrus, und auf diesen Felsen will ich meine Gemeinde bauen, und die Pforten der Hölle sollen sie nicht überwältigen.
Matthäus 16:18

Jesus selber hat versprochen, Seine Gemeinde zu bauen. Er wird Seine Verheißung einhalten. Er wird tun, was er gesagt hat. Er selber ist Ursprung und wahrer Leiter der Gemeinde, und er wird nicht zulassen, dass sein Plan, alle Völker der Welt durch sie zu segnen, versagen wird. Obwohl ein Blick auf die Geschichte zeigt, dass die Gemeinde Jesu immer wieder Rückschläge erleiden musste und in verschiedensten Kontexten kurz vor der Vernichtung stand, hat ihr Leiter sie immer wieder beschützt. Und er wird sie weiterhin beschützen bis zum letzten Tag.

Denn wo zwei oder drei versammelt sind in meinem Namen, da bin ich mitten unter ihnen.
Matthäus 18:20

Zusätzlich zur Verheißung, seine Gemeinde zu bauen, verspricht Jesus auch seine göttliche Gegenwart. Wo sich zwei oder drei Menschen in seinem Namen versammeln, da ist er mitten unter ihnen. Wie klein und schwach die Gemeinde Jesu auch immer sein mag, ihr Herr ist mit ihr und wird ihr Wachstum schenken.

Bitte beachten Sie, dass Jesus hier zwar von seiner Gemeinde spricht, nicht aber von irgendwelchen Gemeindeformen oder Gemeindenamen. Gemeinde ist die „Ekklesia", die Gemeinschaft der Herausgerufenen, die Versammlung jener, die sich in Jesus segnen ließen, und hat primär nichts zu tun mit spezifischen Gemeindeformen oder Denominationen. Das Thema wird uns in der Folge noch beschäftigen (siehe Kapitel 10).

1.2. Das Mandat

Und Jesus trat herzu und sprach zu ihnen: Mir ist gegeben alle Gewalt im Himmel und auf Erden. Darum gehet hin und machet zu Jüngern alle Völker: Taufet sie auf den Namen des Vaters und des Sohnes und des Heiligen Geistes und lehret sie halten alles, was ich euch befohlen habe. Und siehe, ich bin bei euch alle Tage bis an der Welt Ende.
Matthäus 28:18-20

Die natürliche Folge der göttlichen Verheißung ist ein göttliches Mandat. Obwohl Jesus der eigentliche Gründer und Bauer seiner Gemeinde ist, hat er entschieden, menschliche Werkzeuge dazu zu gebrauchen.

1.3. Die Befähigung

Aber ihr werdet die Kraft des Heiligen Geistes empfangen, der auf euch kommen wird, und werdet meine Zeugen sein in Jerusalem und in ganz Judäa und Samarien und bis an das Ende der Erde.
Apostelgeschichte 1:8

Ohne göttliche Befähigung kann das göttliche Mandat nicht ausgeführt werden. Die göttliche Befähigung kommt zu uns in Form des Heiligen Geistes. Der Geist Gottes ist ein Geist des Segens und darum auch der Verkündigung von Guter Nachricht. Wer darum erfüllt ist von diesem göttlichen Geist wird nicht anders können, als sich dafür einzusetzen, dass sich dieser Segen auf andere Menschen ausweitet. Der Heilige Geist produziert in uns ein „heiliges Gehen", ein Gehen zum Nächsten, wo immer er sich befinden mag, um ihn am gefundenen Segen teilhaben zu lassen. Ob jemand wirklich die Fülle des Heiligen Geistes hat, wird sich darin erweisen, dass er sich in irgendeiner Form sowohl für sein Jerusalem (seine nächste Umgebung), sein Judäa (andere Menschen aus demselben Kulturkreis), sein Samaria (Menschen in seinem Land, aber aus einem anderen Kulturkreis) wie auch für die Enden der Erde einsetzt.

1.4. Der Prozess

Und sie predigten dieser Stadt das Evangelium und machten viele zu Jüngern. Dann kehrten sie zurück nach Lystra und Ikonion und Antiochia, stärkten

die Seelen der Jünger und ermahnten sie, im Glauben zu bleiben, und sagten: Wir müssen durch viele Bedrängnisse in das Reich Gottes eingehen. Und sie setzten in jeder Gemeinde Älteste ein, beteten und fasteten und befahlen sie dem Herrn, an den sie gläubig geworden waren.
Apostelgeschichte 14:21-23

Die ersten Jünger nahmen das göttliche Mandat ernst: Innerhalb von ein paar wenigen Jahrzehnten wurden in der ganzen damals bekannten Welt Gemeinden Jesu gegründet.

Die Beschreibung ihrer Strategie (Apg. 14:21-23) lässt drei wesentliche Phasen erkennen:

➤ Evangelisation: Wo immer sie waren, verkündeten sie „Euangelion", Gute Nachricht, den Segen Gottes in Jesus Christus.

➤ Auferbauung: Sie auferbauten die Menschen, die diesen Segen annahmen, und machten sie zu Jüngern. Das Resultat dieses Jüngerschaftsprozesses waren einheimische Glaubensgemeinschaften.

➤ Etablierung: Sie etablierten einheimische Leiter mit dem Ziel von Wachstum und Multiplikation.

Wir werden in diesem Buch ausführlich auf diesen Prozess zurückkommen.

1.5. Das Mittel

In 2. Kor. 11 verteidigt Paulus sein Apostolat, in dem er beschreibt, wie Gott ihn gebrauchte, um den Segen in Jesus auf die ganze damals bekannte Welt auszuweiten:

Sie sind Diener Christi – ich rede töricht: ich bins weit mehr! Ich habe mehr gearbeitet, ich bin öfter gefangen gewesen, ich habe mehr Schläge erlitten, ich bin oft in Todesnöten gewesen. Von den Juden habe ich fünfmal erhalten vierzig Geißelhiebe weniger einen; ich bin dreimal mit Stöcken geschlagen, einmal gesteinigt worden; dreimal habe ich Schiffbruch erlitten, einen Tag und eine Nacht trieb ich auf dem tiefen Meer. Ich bin oft gereist, ich bin in Gefahr gewesen durch Flüsse, in Gefahr auf dem Meer, in Gefahr unter falschen Brüdern; in Mühe und Arbeit, in viel Wachen, in Hunger und Durst, in viel Fasten, in Frost und Blöße; und außer all dem noch das, was täglich auf mich einstürmt, und die Sorge für alle Gemeinden. Wer ist schwach, und ich werde nicht schwach? Wer wird zu Fall gebracht, und ich brenne nicht? Wenn ich mich rühmen soll, will ich mich meiner Schwachheit rühmen.
2. Korinther 11:23-30

In den folgenden Kapiteln werden wir über Strategien und Methoden sprechen, aber wir sollten nie vergessen, dass die Grundlage immer „Opferbereitschaft" sein wird. Jesus opferte sich selbst, um alle Familien der Welt zu segnen. Die Apostelgeschichte ist ein eindrücklicher Bericht darüber, wie die von Gott erwählten Instrumente sich mit großer Hingabe und Opferbereitschaft an die Arbeit machten – viele von ihnen ließen dabei sogar ihr Leben. Diese grundlegende Methode Gottes hat sich bis heute nicht geändert: Gott segnet alle Familien der Erde durch die Opferbereitschaft seiner Kinder.

1.6. Das Resultat

> *An die Gemeinde Gottes in Korinth, an die Geheiligten in Christus Jesus, die berufenen Heiligen samt allen, die den Namen unseres Herrn Jesus Christus anrufen an jedem Ort, bei ihnen und bei uns.*
> 1. Korinther 1:2

> *Und alle Brüder, die bei mir sind, an die Gemeinden in Galatien.*
> Galater 1:2

> *Paulus und Silvanus und Timotheus an die Gemeinde in Thessalonich in Gott, dem Vater, und dem Herrn Jesus Christus: Gnade sei mit euch und Friede!*
> 1. Thessalonicher 1:1

Das große Segnungsprogramm Gottes resultierte in der Pflanzung einheimischer Glaubensgemeinschaften in der ganzen damals bekannten Welt. Im Kapitel 10 werden wir uns mit der Form dieser Gemeinden beschäftigen.

1.7. Die Endvision

> *Und sie sangen ein neues Lied: Du bist würdig, zu nehmen das Buch und aufzutun seine Siegel; denn du bist geschlachtet und hast mit deinem Blut Menschen für Gott erkauft aus allen Stämmen und Sprachen und Völkern und Nationen.*
> Offenbarung 5:9

Die Offenbarung zeigt uns die glorreiche Endvision. Hier werden Geschichte und Gemeinde zu ihrer Vollendung gekommen sein. Wenn alle Völker, alle Familien der Erde im Namen Jesu den göttlichen Segen erhalten haben, wird auch das große Mandat der Gemeinde nicht mehr nötig sein. Das große Endziel Gottes wird dann erreicht sein: Gemeinschaft mit allen Völkern der Erde, ewige Anbetung. Der ursprüngliche Plan von Eden wird in der großen Endvision Gottes wieder Realität: Gott und Mensch in Einheit. Der Mensch findet sein höchstes Glück in der ewigen Anbetung Gottes.

Zwei Hauptelemente sind in der Endvision besonders bedeutend: Vertreter aus allen Volksgruppen werden die große Einladung Gottes angenommen haben – und das Lamm wird die ihm gebührende Anbetung erhalten. Die Opfer haben sich gelohnt. Tränen wird es keine mehr geben. Schmerz wird nicht mehr sein. Ein wahres Happy End.

Kapitel 2

Bereiten Sie sich vor!

2.1. Verstehen, dass Gott selber Neues schafft

Die folgenden Tatsachen sind Beweise dafür, dass Gott selber dabei ist, Neues zu schaffen:

> ➤ Mehr Mitarbeiter: Das große Problem der Gemeinde, damals wie heute, ist der Mangel an Mitarbeitern. Nachdem die Gemeinde Jesu jahrelang um mehr Mitarbeiter gebetet hat (gemäß Mt. 9:37-39), dürfen wir heute sehen, wie nicht mehr nur Gläubige aus den westlichen Ländern, sondern auch Millionen von Gläubigen aus Afrika und Asien sich für eine Mitarbeit am großen Auftrag der Gemeinde zur Verfügung stellen.

> ➤ Mehr Gebet: In den letzten Jahren fanden vermehrt weltweite Gebetsaufrufe und -aktionen statt. Diese konzentrierten sich insbesondere auf die vernachlässigten Gebiete und Völker der Welt.

> ➤ Mehr Zusammenarbeit: Vermehrt wird heute in strategischen Partnerschaften gearbeitet. Mehr und mehr haben Gemeinden und Mitarbeiter verstanden, dass es in erster Linie um die Missio Dei, um das große Segnungsprogramm Gottes geht – und nicht so sehr um die Promotion einzelner Organisationen oder Denominationen.

> ➤ Mehr Kontextualisierung: Die Gemeinde Jesu hat verstanden, dass die Ekklesia in anderen Kulturen und Völkern andere, angepasste Formen annehmen darf, ja muss, um für ihr jeweiliges Umfeld relevant zu sein.

> ➤ Mehr politische, soziale und ökonomische Instabilität: Gott erlaubt die Erschütterung von Völkern und Nationen, von ganzen Gesellschaften und Wirtschaftssystemen. In solch volatilen Zeiten, wo alle menschlichen Sicherheiten zusammenzubrechen drohen, suchen Menschen wieder vermehrt nach echten, ewigen Sicherheiten.

➤ Desillusion einer wachsenden Anzahl Menschen anderer Religionen: Gerade die zunehmende Radikalisierung und Politisierung (Stichwort Selbstmordattentäter) bestimmter Religionen öffnet deren moderate Anhänger für das Evangelium.

➤ Die Zeit Gottes: Verschiedenste Anzeichen deuten darauf hin, dass Gott selber jetzt dabei ist, Seinen Segen auf alle Volksgruppen dieser Welt auszuweiten.

2.2. Andere zur Mitarbeit motivieren

Jede Gemeinde sollte sich zum Ziel setzen, ihr Umfeld, und ganz besonders Menschen aus anderen Kulturkreisen, zu segnen. Alle Gemeindeglieder können in irgendeiner Form dazu beitragen, dass dieses Ziel erreicht wird. Besonders effektiv ist, wenn die Gemeinde einige ihrer Glieder spezifisch damit beauftragt und auch dazu ausbildet, in diesem Arbeitszweig tätig zu sein. Sie werden sich besonders darum kümmern, diese Menschen kennen zu lernen und in angepassten Formen unter ihnen zu arbeiten.

2.3. Beten – viel beten

Intensive Fürbitte ist der erste Schritt, andere Menschen zu segnen. Einzelne Gläubige oder Gemeinden als Ganzes können Volksgruppen geistlich „adoptieren" und inständig und gegebenenfalls auch über längere Zeit für sie beten, bis einheimische Glaubensgemeinschaften unter ihnen gepflanzt werden. Fürbitte hat immer auch Konsequenzen für den Beter. Wer regelmäßig, langfristig und intensiv für eine Volksgruppe einsteht, wird feststellen, wie seine Liebe für diese Menschen wächst und auch ein persönliches Engagement für dieses Volk immer mehr zu einem Anliegen wird.

2.4. Sich weiterbilden

Bilden Sie sich weiter! Um für Menschen anderer Religionen und Kulturkreise relevant zu sein, sind neue Arten der Gesprächsführung und neue Gemeindeformen erforderlich. Das muss gelernt werden. Besuchen Sie entsprechende Kurse, lesen Sie entsprechende Bücher, um für diese komplexe Aufgabe gut vorbereitet zu sein!

2.5. Den Kontext verstehen

Bevor Sie die Gute Nachricht verkünden können, müssen Sie den Hintergrund jener Menschen, die Sie zu erreichen versuchen, gut verstehen: ihre Religion, ihre Lebensweise, ihre Kultur, ihre Sehnsüchte und ihre Bedürfnisse. Nur so kann das Evangelium für sie relevant werden.

Den Kontext können Sie einerseits durch die Lektüre von spezifischen Büchern verstehen lernen. Der beste Weg dazu aber sind vertiefte Kontakte oder sogar Freundschaften mit Menschen aus diesem Kulturkreis.

2.6. Gute Strategien erarbeiten

Ehe wir uns in die Arbeit stürzen, sollten wir gute Strategien erarbeiten. Andere haben vor uns gearbeitet, manche erfolgreich, manche nicht. Sowohl aus den Fehlern anderer als auch aus ihren Erfolgen können wir lernen. Nicht alle Strategien führen zum Ziel. Darum sollte unsere Arbeit vorsichtig und mit viel Gebet geplant und vorbereitet werden.

Unsere Strategien basieren auf den folgenden drei Quellen:

Schema 1: Die drei Quellen unserer Strategien

Kapitel 3

Fehler der Vergangenheit

In diesem dritten Kapitel wollen wir über die Fehler der Vergangenheit nachdenken. Um in unserer Arbeit effektiv zu sein, sollten wir aus diesen Fehlern lernen. Es ist nicht nötig, die Fehler anderer zu wiederholen.

3.1. Die Gemeinde Jesu hat Menschen aus anderen Kulturen vernachlässigt

Warum hat es die Gemeinde im Allgemeinen unterlassen, Menschen aus anderen Kulturen zu segnen?

> ➤ Kein Zugang: Etliche Regierungen, in denen die vernachlässigten Völker dieser Erde leben, stellen keine Visa für vollzeitliche christliche Mitarbeiter aus. Man hat diese Länder darum als „geschlossen" bezeichnet. In den letzten Jahren hat die Gemeinde jedoch endlich festgestellt, dass man nicht unbedingt vollzeitlicher Mitarbeiter sein muss, um in diesen Ländern zu arbeiten. Auch wenn diese Länder keine religiösen oder geistlichen Visa ausstellen, können engagierte Christen dort Zugang finden – in den meisten Fällen als so genannte Zeltmacher über ihren Beruf. Zu biblischen Zeiten, als Petrus und Paulus in vielen Gebieten die Gute Nachricht verkündeten, taten sie dies schließlich auch ohne entsprechende Visa und waren trotzdem in ihrer Arbeit nicht gehindert.
>
> Heute leben außerdem viele dieser Menschen, die insbesondere unter muslimischen Regimes nur schwer zugänglich waren, direkt vor unserer Haustür. Die Gemeinde Jesu hat in dem Sinn heute keine Entschuldigung mehr: Durch die massive Immigration der letzten Jahre sind die meisten Menschen aus islamischen Volksgruppen heute in unseren eigenen Ländern zugänglich. Zudem ist es heute durch die Globalisierung viel einfacher geworden, auch in ihren Heimatländern über die Ausübung einer be-

ruflichen Aktivität eine Aufenthalts- und Arbeitsbewilligung zu erhalten.

➤ Mangel an Mobilisation: Die Gemeinde Jesu konzentrierte sich mehr auf andere Felder, die leichter zugänglich oder offener für das Evangelium waren.

➤ Mangel an sichtbarem und quantifizierbarem Erfolg: Insbesondere in Gebieten mit muslimischen Volksgruppen gab es wenig sichtbaren „Erfolg". Viele zogen daraus den falschen Schluss, dass darum eine Arbeit unter ihnen wohl keine Priorität haben sollte. Es liegt jedoch nicht am Botschafter, sichtbare Resultate zu erzeugen, sondern am Heiligen Geist. Der Botschafter hat dann seine Arbeit getan, wenn er die Botschaft so klar, verständlich und kulturell angepasst wie möglich verkündet hat.

➤ Mangel an Vision: Im Allgemeinen hat die Gemeinde Jesu sich schwer getan, Mitarbeiter geistlich und finanziell zu unterstützen, die keine sichtbare Frucht aufweisen konnten.

3.2. Die Gemeinde Jesu hat den Willen Gottes missachtet

➤ Die Bibel sagt uns klar, dass der göttliche Segen sich auf alle Volksgruppen ausweiten soll und wird:

• Der Segen Abrahams wird alle Familien der Erde erreichen.

Und der Herr sprach zu Abram: Geh aus deinem Vaterland und von deiner Verwandtschaft und aus deines Vaters Hause in ein Land, das ich dir zeigen will. Und ich will dich zum großen Volk machen und will dich segnen und dir einen großen Namen machen, und du sollst ein Segen sein. Ich will segnen, die dich segnen und verfluchen, die dich verfluchen; und in dir sollen gesegnet werden alle Geschlechter auf Erden.
Genesis 12:1-3

• Alle sollen Buße tun, niemand soll verloren gehen:

Der Herr verzögert nicht die Verheißung, wie es einige für eine Verzögerung halten; sondern er hat Geduld mit euch und will nicht, dass jemand verloren werde, sondern dass jedermann zur Buße finde.
2. Petrus 3:9

• Gott will, dass alle Menschen gerettet werden und die Wahrheit kennen:

... Heiland-Gott, welcher will, dass alle Menschen errettet werden und zur Erkenntnis der Wahrheit kommen.
1. Timotheus 2:4 (Revidierte Elberfelder Übersetzung)

• Es gibt nur einen Mittler zwischen Gott und den Menschen: der Mensch Jesus Christus:

Denn es ist ein Gott und ein Mittler zwischen Gott und den Menschen, nämlich der Mensch Christus Jesus.
1. Timotheus 2:5

• Das Sühneopfer Jesu ist nicht nur für uns gültig, sondern für alle Menschen:

Und er ist die Versöhnung für unsere Sünden, nicht allein aber für die unseren, sondern für die der ganzen Welt.
1. Johannes 2:2

Zu häufig und zu lange hat die Gemeinde Jesu die Schrift so verstanden, dass sie die Gesegnete ist – wer jedoch das Wort Gottes mit offenen Augen liest, wird feststellen, dass wer von Gott gesegnet ist unmittelbar dazu berufen wird, andere Menschen zu segnen, das heißt diesen göttlichen Segen weiter zu reichen.

➤ Unsere Liebe für Jesus wird an unserem Gehorsam seinem Wort gegenüber gemessen:

Er hat gesagt: Liebt ihr mich, so werdet ihr meine Gebote halten.
Johannes 14:15; 15:10

Was war unter anderem sein Befehl?

Geht hin in alle Welt... allen Menschen.
Markus 16:15

➤ Niemand kann die Gute Nachricht glauben, wenn er sie nicht gehört hat:

Wie sollten sie aber den anrufen, an den sie nicht glauben? Wie sollen sie aber an den glauben, von dem sie nichts gehört haben? Wie sollen sie aber hören ohne Prediger? Wie sollen sie aber predigen, wenn sie nicht gesandt werden? Wie denn geschrieben steht: Wie lieblich sind die Füße der Freudenboten, die das Gute verkündigen! Aber nicht alle sind dem Evangelium gehorsam. Denn Jesaja spricht: „Herr, wer glaubt unserem Predigen?" So kommt der Glaube aus der Predigt, das Predigen aber durch das Wort Christi.
Römer 10:14-17

➤ In der Ewigkeit werden alle Völker vor Gottes Thron vertreten sein:

Danach sah ich, und siehe, eine große Schar, die niemand zählen konnte, aus allen Nationen und Stämmen und Völkern und Sprachen; die standen vor dem Thron und vor dem Lamm, angetan mit weißen Kleidern und mit Palmzweigen in den Händen, und riefen mit großer Stimme: Das Heil ist bei dem, der auf dem Thron sitzt, unserm Gott, und dem Lamm!
Offenbarung 7:9-10

Und sie sangen ein neues Lied: Du bist würdig, zu nehmen das Buch und aufzutun seine Siegel; denn du bist geschlachtet und hast mit deinem Blut Menschen für Gott erkauft aus allen Stämmen und Sprachen und Völkern und Nationen und hast sie unserem Gott zu Königen und Priestern gemacht, und sie werden herrschen auf Erden.
Offenbarung 5:9-10

Gemäß verschiedenen Untersuchungen gibt es heute immer noch mehrere Tausend Volksgruppen oder Stämme ohne einheimische Glaubensgemeinschaft. Die Mehrheit von ihnen ist islamisch. Auch wenn hier besondere Schwierigkeiten und Herausforderungen liegen, sollte die Gemeinde Jesu gerade an diesem Punkt ihre Prioritäten setzen.

3.3. Die Gemeinde Jesu hat sich ängstlich zurückgezogen

In manchem Land hat sich Angst vor der muslimischen Einwanderungswelle breitgemacht. Anstatt im Glauben zu beten und in Liebe die biblische Botschaft zu verkünden, hat sich die Gemeinde Jesu ängstlich in ihr Schneckenhaus zurückgezogen oder zu einer falschen Art von Konfrontation angesetzt.

Es gibt Regionen, in denen islamische Einwanderer sich Rechte zugestehen, die vielen Einheimischen zu weit gehen. In gewissen traditionell christlichen Ländern fordern sie nicht nur das Recht für Gebetsräume, sondern auch für den Bau von Minaretten, was in gewissen christlichen Kreisen zu heftigen Reaktionen geführt hat.

Diese Konfrontation findet jedoch auf einer völlig falschen Ebene statt. Es geht nicht um gewisse Bauten, die ja in sich keinen Wert haben (seien es Gemeindegebäude oder Moscheen), sondern um Menschen. Ob diese Menschen in Gebetshäusern mit oder ohne Minarette beten, ist letztlich zweitrangig. Vielmehr geht es darum, dass auch sie – gerade sie – des vollen Segens in Jesus Christus teilhaftig werden sollen.

Es stimmt, die islamische Religion wächst schnell. Gab es im Jahr 1900 weltweit 150 Millionen Muslime, waren es 1993 bereits 1 Milliarde. Zurzeit der Redaktion dieses Buches (2008) gab es weltweit rund 1,5 Milliarden Muslime, was gut 22 Prozent der Weltbevölkerung entspricht. Es stimmt, dass Muslime gerade durch den Extremismus, der in ihrer Mitte geduldet wird, viel von sich reden machen. Es stimmt, dass sie sich auf der ganzen Welt ausbreiten und auch dort, wo sie als Minderheit immigriert sind, ihre vermeintlichen Rechte einfordern.

Unsere Reaktion sollte jedoch nicht Konfrontation sein, auch nicht ängstlicher Rückzug, sondern Liebe, die sich in der kulturell angepassten Verkündigung der besten Botschaft der Welt äußern wird. Ihre massive Immigration in unsere Länder sollte darum nicht als Gefahr, sondern als Chance gesehen werden – eine Chance, sie endlich nicht mehr zu vernachlässigen, sondern jetzt, wo sie vor unserer Haustür sind, mit ihnen den Segen zu teilen.

Das göttliche Gesetz von Saat und Ernte (vgl. Gal. 6:7) ist auch gerade in diesem Kontext gültig: Wo wenig gesät wird, wird auch die Ernte karg ausfallen. Wir können nur dann erwarten, dass viele Muslime die große Einladung Jesu annehmen werden, wenn viele diese Botschaft auf eine ihnen verständliche Art gehört haben. In verschiedensten Kontexten weltweit wird dies heute bereits sichtbar – mehr Muslime sind in unserer Generation in eine Nachfolge Jesu getreten als in der gesamten Geschichte zuvor.

Wir sehen also, dass einerseits die Herausforderungen erdrückend sind – andererseits dürfen wir aber auch feststellen, dass sich der Segen Jesu auf mehr und mehr Völker ausweitet. Der Situation der Gemeinde Jesu heute ähnelt jene des Apostels Paulus, der in 1. Korinther 16:9 über seinen Dienst in Ephesus folgendes schrieb:

> *Denn mir ist eine Tür aufgetan zu reichem Wirken; aber auch viele Widersacher sind da.*
> 1. Korinther 16:9

3.4. Die Gemeinde hat unangepasste Methoden und Strategien angewandt

Unsere unangepassten Methoden und Strategien haben Menschen anderer Kulturen und Religionen daran gehindert, die Gute Nachricht zu verstehen und anzunehmen. Was sie daran hinderte war nicht das „Ärgernis des Kreuzes", sondern das „Ärgernis der Kirche" oder das „Ärgernis unserer Methoden". Es ist schade, wenn wir in unserer Methodik unnötige Barrieren und Hindernisse errichten, die es anderen erschweren, unsere Botschaft zu hören.

Neuere Forschung hat gezeigt, dass der Hauptgrund gerade für Muslime, nicht in die Nachfolge Jesu zu treten, nicht auf der theologisch-dogmatischen, sondern viel eher auf der soziokulturellen Ebene liegt. Es ist unglücklich, wenn gerade unsere kulturellen Gewohnheiten, unsere Art, den Glauben auszuleben, oder unsere Methoden andere daran hindern, uns und unsere Botschaft anzunehmen. Einige Beispiele dafür sind:

➤ westliche sexistische Kleidung von Frauen

➤ konfrontative, aggressive oder gar verletzende Gesprächsführung

➤ ungewohnter Anbetungsstil, fremde Gemeinde- und Gottesdienstformen

➤ nicht feinfühlige Ess- und Trinkkultur

All diese Dinge sind nicht schlecht oder sündig in sich. Wenn wir aber versuchen, Menschen aus anderen Kulturkreisen und Religionen zu erreichen, sollten wir einen Schritt auf sie zugehen.

Kapitel 4

Der Botschafter...

Im weiteren Verlauf des Buches werden wir über etliche bewährte Methoden und Strategien sprechen, um alle Völker zu segnen. Da dies jedoch häufig eine Arbeit von Person zu Person ist, müssen wir uns vorerst mit der Person des Botschafters beschäftigen.

4.1. ... hat die richtige Perspektive

Nur zu häufig gründen wir unsere Perspektive auf falschen, brüchigen Grundlagen. Beispiele dafür sind negative persönliche Erfahrungen oder die Erfahrung anderer Menschen, Vorurteile anderen Menschen gegenüber oder Unglaube. Das beste Fundament für unsere Perspektive ist jedoch das Wort Gottes.

Wer seine Perspektive auf seine Gefühle oder Erfahrungen baut, wird die Arbeit bald entmutigt und erschöpft aufgeben. Wir brauchen darum eine göttliche Perspektive, eine Vision Gottes für unser Leben und unsere Arbeit.

Hier zwei grundsätzliche Aussagen aus dem Wort Gottes, welche unsere Perspektive prägen sollten:

> ➤ Psalm 2: Vielleicht fragen Sie sich, welcher Zusammenhang denn zwischen Psalm 2 und den Völkern der Welt bestehen soll? Es geht um Perspektive. Viele Menschen sehen in der massiven Immigration von Muslimen eine Gefahr und ziehen sich ängstlich zurück.
>
> *Die Könige der Erde lehnen sich auf, und die Herren halten Rat miteinander wider den HERRN und seinen Gesalbten: „Lasset uns zerreissen ihre Bande und von uns werfen ihre Stricke!"*
> Psalm 2:2-3

Im Koran befinden sich rund 40 christologische Aussagen und Titel, die alle mit der Bibel vereinbar sind. Aus koranischer Perspektive ist Jesus beispielsweise ein sündloser Prophet, das Wort Gottes, der Messias, ein Heiler und Totenauferwecker, der Sohn Marias oder derjenige, der am Ende der Zeit wiederkommen wird.

Daneben gibt es jedoch zwei Aussagen, die wir nicht mit der Bibel vereinbaren können: Jesus ist nicht am Kreuz gestorben und Jesus ist nicht der Sohn Gottes. Dies sind jedoch zwei grundlegende Aussagen des Evangeliums, auf denen sich unser Glaube gründet.

Christen fühlen sich darum nicht nur durch die hohe Anzahl von muslimischen Immigranten bedroht, sondern auch durch ihre selbstsicheren Aussagen gegen zwei grundlegende biblische Wahrheiten.

Vers 4 in unserem Psalm wirft jedoch einen Blick in die himmlischen Örter – und da verändert sich die Perspektive grundlegend:

> *Aber der im Himmel wohnt, lachet ihrer, und der Herr spottet ihrer.*
> Psalm 2:4

Gott ist in keiner Weise eingeschüchtert. Er fühlt sich nicht bedroht. Was tut er angesichts einer menschlichen Revolte? Er lacht. Viele Christen fühlen sich eingeschüchtert – Gott jedoch ist souverän, nichts entgeht ihm, nichts lässt er zu, das nicht letztlich zum Besten der Menschen und seiner Ehre dienen wird. Er ist doch der Allmächtige Gott. Er war, ist und wird immer auf seinem Thron sein. Er hat es geschafft, trotz allen Widerwärtigkeiten und menschlichen Unmöglichkeiten in der kommunistischen Welt seine Gemeinde zu bauen und die Menschen unter diesen Regimes zu segnen. Er kann und wird dies auch in jedem anderen menschlichen Gefüge und System dieser Welt tun.

Nur wenn der unerschütterliche Glaube an diese Souveränität Gottes tief in unseren Herzen verankert ist, können wir in unserer Arbeit wirklich effektiv sein. Wer sich eingeschüchtert oder bedroht fühlt, wird die Freiheit nicht haben, auf Menschen anderer Kulturen zuzugehen – oder wird unnötige Konfrontationen suchen.

Weiter sagt unser Psalmist:

> *Ich aber habe meinen König eingesetzt auf meinem heiligen Berg Zion. Kund-*
> *tun will ich den Ratschluss des HERRN. Er hat zu mir gesagt: „Du bist mein*
> *Sohn, heute habe ich dich gezeugt."*
> Psalm 2:6-7

Gott selber hat Jesus als seinen Sohn und König eingesetzt. Wenn auch viele ihn als Sohn Gottes verwerfen, ist er es trotzdem, weil Gott es so bestimmt und gewollt hat. Nicht wir Christen haben gesagt, dass Jesus Gottes Sohn sei, sondern Gott selber.

Bitte mich, so will ich dir Völker zum Erbe geben und der Welt Enden zum Eigentum.
Psalm 2:8

Wenn Gott etwas verspricht, tut er es auch. Gott hat seinem Sohn die Enden der Erde als Besitz versprochen. Die Nationen – alle Nationen – sind Jesu rechtmäßiger und gottversprochener Besitz.

Zugleich lesen wir im Neuen Testament, dass Nachfolger Jesu seine Miterben sind:

Sind wir aber Kinder, so sind wir auch Erben, nämlich Gottes Erben und Miterben Christi, wenn wir denn mit ihm leiden, damit wir auch mit zur Herrlichkeit erhoben werden.
Römer 8:17

Mit anderen Worten: In Jesus ist unser legitimes Erbe in der geistlichen Welt die Nationen, alle Völker, alle Familien dieser Welt. Diese Wahrheit sollte uns inspirieren. Anstatt uns einschüchtern zu lassen, sollten wir in dieser Perspektive leben und wissen, dass der legitime Anspruch an alle Völker dieser Erde ist, den Segen Jesu auf sie auszuweiten. Die große Endvision zeigt, dass dies eines Tages realisiert werden wird:

➤ Offenbarung 5:9:

Und sie sangen ein neues Lied: Du bist würdig, zu nehmen das Buch und aufzutun seine Siegel; denn du bist geschlachtet und hast mit deinem Blut Menschen für Gott erkauft aus allen Stämmen und Sprachen und Völkern und Nationen.

Vertreter aus allen Sprachen, allen Völkern und allen Stämmen werden eines Tages den Segen in Christus angenommen haben und eine Ewigkeit mit ihm und seiner Gemeinde teilen. Glauben wir mehr dieser göttlichen Aussage oder unseren negativen Erfahrungen und Gefühlen?

Die richtige Perspektive zu haben heißt, im Glauben daran festzuhalten, dass Gott all Seine Verheißungen erfüllen wird. Viele entmutigen sich schnell in ihrer Arbeit, weil sie im Wesentlichen nicht glauben, dass Gott alles tun wird, was er versprochen hat.

Das göttliche Mandat ist darum letztendlich nicht ein großes Gebot, sondern zuerst eine grandiose Verheißung und ein enormes Vorrecht, teilhaben zu dürfen an Gottes Programm, in Jesus Christus alle Völker dieser Welt zu segnen.

Die richtige Perspektive zu haben heißt auch, Weltgeschichte und -ereignisse mit den richtigen Augen zu lesen. Das große Endzeitkapitel, Matthäus 24, ist wohl einer der dunkelsten Abschnitte im gesamten Wort Gottes. Hier lesen wir von Naturkatastrophen und Kriegen, von Anarchie und Niedergang. Doch inmitten dieser Dunkelheit lesen wir, dass die Gute Nachricht unter allen Völkern bekannt werden wird. Und dann, erst dann, wird das Ende kommen.

Die göttliche Perspektive zu haben heißt darum auch zu akzeptieren, dass wohl viele Menschen und vielleicht ganze Nationen und Völker sich erst dann wirklich für die Gute Nachricht öffnen werden, wenn sie diese Desaster und Katastrophen erlebt haben – oder eventuell parallel dazu. Dazu gibt es seit ein paar Jahren bereits mehrere ermutigende Beispiele. Gott mag diese Katastrophen zulassen, aber wenn er das tut, hat er doch letztendlich liebende Absichten und ein großes heilsgeschichtliches Ziel.

4.2. ... hat die richtige Haltung

Welche Gefühle kommen in Ihnen hoch, wenn Sie an die vielen Ausländer in ihrer Stadt oder in Ihrem Land denken oder wenn Sie wieder einmal von einem Selbstmordattentat im Mittleren Osten hören? Sind es Gefühle von Wut, Resignation, oder gar Bitterkeit? Schnell haben wir Vorurteile, stereotype Meinungen von Menschen anderer Kulturen, oder wir fühlen uns verletzt und ausgenutzt.

Wir sollten die Haltung Jesu angesichts der Menschenmenge haben:

> *Und als er das Volk sah, jammerte es ihn; denn sie waren verschmachtet und zerstreut wie die Schafe, die keinen Hirten haben. Da sprach er zu seinen Jüngern: Die Ernte ist groß, aber wenige sind der Arbeiter. Darum bittet den Herrn der Ernte, dass er Arbeiter in seine Ernte sende.*
> Matthäus 9:36-38

Die meisten Personen in der Menge, die Jesus vor sich hatte, waren aus jüdischem Hintergrund. Kannte Jesus die Juden nicht? Wusste er nicht, dass gegen Ende seines Lebens gerade sie es sein würden, die lauthals seinen Tod fordern würden? Wusste er nicht, dass gerade sie eines Tages rufen würden „Kreuzige ihn, kreuzige ihn?" Natürlich wusste Jesus das. Er kannte die Juden. Während der ganzen Dauer seines Dienstes waren sie es, die ihn angriffen und verspotteten. Und doch liebte er sie. Er liebte sie so sehr, dass er Erbarmen mit ihnen hatte. Das griechische Wort für Erbarmen beschreibt das Bewegen der Eingeweide. Wenn

Jesus also an die Juden dachte, dann war sein Innerstes bewegt. Er liebte sie so tief, dass er bereit war, sich von ihnen und für sie töten zu lassen. Das und nur das ist die richtige Haltung: Liebe trotz allem, Liebe bis in den Tod.

Sind wir von Liebe oder von Hass erfüllt? Haben wir ein fleischliches Herz oder Gottes Herz für die Menschen um uns? Sehen wir die Menschen um uns mit unseren Augen oder mit Gottes Augen?

Wenn wir die Menschen mit Gottes Augen sehen, sehen wir in ihnen plötzlich nicht mehr blinde Fanatiker, Terroristen oder Extremisten, sondern ganz einfach Menschen. Und zwar Menschen ohne Hirten, die sich eigentlich auf einer verzweifelten Suche nach der Geborgenheit dieses einen großen Hirten befinden. Ob sie wohl so fanatisch und fordernd sind, gerade weil sie den Guten Hirten nicht kennen? Evangelisation ist eigentlich letztlich nichts anderes als andere Mitmenschen, wer immer sie sein mögen, bei der Hand zu nehmen und sie zum Hirten zu führen. Und das ist das tiefste Bedürfnis jedes Menschen auf dieser Welt – ob sie es wahrhaben wollen oder nicht.

Wenn wirklich Gottes Liebe unsere Herzen erfüllt, sind wir in der Lage zu vergeben und andere so anzunehmen, wie sie sind. Und das ist eine der wichtigsten Voraussetzungen, um ihnen begegnen zu können.

Was sehen Sie, wenn Sie Immigranten begegnen? Bedrohliche Terroristen oder verzweifelte Schafe, die unbedingt einen guten Hirten brauchen?

4.3. ... hat seine persönliche Sicherheit in Gott

Menschenfurcht lähmt – die Liebe Gottes aber setzt frei. Es braucht Überwindung, bewusst Botschafter des Evangeliums zu sein. Es braucht Mut, auf andere Menschen zuzugehen. Viele Botschafter, auch vollzeitliche Mitarbeiter, ziehen es darum vor, eine kleine Insel von Gleichgesinnten zu bilden und sich zurück zu ziehen. Selbst wer inmitten von Menschen anderer Kulturkreise lebt, in einem muslimischen Land beispielsweise, kann sich sein Leben so einrichten, dass er kaum bedeutungsvollen Kontakt mit der einheimischen Bevölkerung hat. Schade, wenn solche Mitarbeiter Tausende von Kilometern zurückgelegt haben, um diese Menschen zu segnen, aber dann die letzten paar Meter oder Zentimeter nicht mehr schaffen...

Wir können Menschen aus anderen Kulturkreisen nicht bedeutungsvoll begegnen, wenn wir nicht wissen, wer wir in Christus sind und was wir in ihm haben. Epheser, Kapitel 1, zeigt uns unsere Stellung in Christus. Diese Verse geben uns Sicherheit. Diese Sicherheit wiederum benötigen wir dringend, wenn andere

Menschen unsere Werte und unseren Glauben in Frage stellen und vielleicht sogar lächerlich machen. Wer nicht Gewissheit hat über seinem ewigen Heil und der Vergebung seiner Schuld wird sich leicht destabilisieren lassen, wenn er in vertieftem Kontakt mit Menschen anderer Kulturen steht.

Das Wort Gottes ermutigt uns:

> *Denn Gott hat uns nicht gegeben den Geist der Furcht, sondern der Kraft und der Liebe und der Besonnenheit.*
> 2. Timotheus 1:7

4.4. ... hat ein echtes Anliegen

Wir haben bereits von Jesus und Seiner tiefen Liebe zu den Mengen gesprochen. Wir werden nun betrachten, welch großes Anliegen Paulus für die Menschen hatte, die er segnen wollte:

> *Ich sage die Wahrheit in Christus und lüge nicht, wie mir mein Gewissen bezeugt im Heiligen Geist, dass ich große Traurigkeit und Schmerzen ohne Unterlass in meinem Herzen habe. Ich selber wünschte, verflucht und von Christus getrennt zu sein für meine Brüder, die meine Stammesverwandten sind nach dem Fleisch.*
> Römer 9:1-3

Durch die Berichte in der Apostelgeschichte und in den paulinischen Briefen wissen wir, dass Paulus von den Juden auf massivste Art verfolgt wurde. Sie geißelten ihn, schlugen ihn, steinigten ihn, verwarfen ihn und versuchten mehrmals, ihn zu töten. Trotzdem – oder gerade deshalb? – konnte er sagen: „Ich selber wünschte, verflucht und von Christus getrennt zu sein für meine Brüder, die meine Stammesverwandten sind nach dem Fleisch" (Röm. 9:3). Haben Sie dieses tiefe Anliegen für Muslime? Wären Sie bereit, eher von Christus getrennt zu sein als sie?

Weiter schrieb Paulus

> *Liebe Brüder, meines Herzens Wunsch ist, und ich flehe auch zu Gott für sie, dass sie gerettet werden. Denn ich bezeuge ihnen, dass sie Eifer für Gott haben, aber ohne Einsicht. Denn sie erkennen die Gerechtigkeit nicht, die vor Gott gilt, und suchen ihre eigene Gerechtigkeit aufzurichten und sind so der Gerechtigkeit Gottes nicht untertan. Denn Christus ist des Gesetzes Ende; wer an den glaubt, der ist gerecht.*
> Römer 10:1-4

Sein Herzenswunsch und Gebet war, dass die Juden gerettet würden. Juden wie Muslime haben einen großen Eifer für ihre Religion und ihr Gesetz. Ihr Problem ist, dass sie ihr Heil durch die Einhaltung von Regeln und Gesetzen erreichen wollen, letztlich durch eine eigene, menschliche Gerechtigkeit. Eine Gerechtigkeit, die vor Gott nie genügen kann, weil sie nie vollkommen sein kann. Nur Christus konnte das Gesetz vollkommen erfüllen, und darum kann nur der vollständig vor Gott gerecht sein, der sein Vertrauen in Christus setzt.

Dieses echte Herzensanliegen für solche Menschen wird uns zu einer außerordentlichen Hingabe an sie führen. Wir werden dann nicht mehr anders können, als unsere ganze Kraft, Energie und Zeit dafür einzusetzen, dass sie die Gute Nachricht hören und annehmen. Manche mögen einwenden, sie hätten nicht die Zeit, die Kraft oder die nötigen Mittel für eine solche Arbeit. Wenn wir jedoch von dieser Vision vibrieren, können wir nicht mehr anders, als sie umzusetzen – um jeden Preis. Mit Gott unterwegs zu sein ist nicht ein Beruf – es ist eine Leidenschaft!

Wie kann dieses Anliegen in uns wachsen? Je mehr wir für solche Menschen beten, desto mehr werden Liebe und Anliegen für sie in uns wachsen. Je mehr Zeit wir mit ihnen verbringen und sie mit ihren Herausforderungen, Sorgen und Problemen besser kennenlernen, desto mehr werden wir die Last haben, ihnen das frische Wasser des Evangeliums zu vermitteln.

4.5. ... lebt in völliger Abhängigkeit von Gott

Diese Abhängigkeit von Gott zeigt sich insbesondere in den folgenden zwei Bereichen:

> ➤ *Er ist eine Person des Gebets und Fastens und übt einen Fürbittedienst aus.*

Der Ausdruck „Dschihad" („Heiliger Krieg") ist heute in aller Munde. Das Wort Gottes spricht auch von Krieg und Waffen, aber sie sind im Neuen Testament ausschließlich geistlicher Natur. Unsere Aufgabe ist nicht, Menschen in der natürlichen Welt in irgendeiner Form zu bekämpfen, sondern vielmehr die geistlichen Kräfte und Mächte, die hinter ihnen stehen.

> *Denn unser Kampf – oder: unser Dschihad – ist...*
> Epheser 6:12

Nachdem die Epheserstelle die geistliche Waffenrüstung vorgestellt hat, schließt sie mit einem Aufruf zum Gebet:

Betet allezeit mit Bitten und Flehen im Geist und wacht dazu mit aller Beharrlichkeit im Gebet für alle Heiligen und für mich, dass mir das Wort gegeben werde, wenn ich meinen Mund auftue, freimütig das Geheimnis des Evangeliums zu verkündigen.
Epheser 6:18-19

Wir stehen im Kampf gegen geistliche Kräfte und Mächte. Unser Kampf ist also nie gegen Menschen, die ja eigentlich nichts anderes sind als getäuschte Opfer geistlicher Mächte, sondern gegen den, der Millionen von Menschen getäuscht hat:

Den Ungläubigen, denen der Gott dieser Welt den Sinn verblendet hat, dass sie nicht sehen das helle Licht des Evangeliums von der Herrlichkeit Christi, welcher ist das Ebenbild Gottes.
2. Korinther 4:4

Ohne göttliche Offenbarung ist es letztlich nicht möglich, die Botschaft des Evangeliums wirklich zu verstehen. Diese Blindheit kann nur Gott von ihren Augen heben. Darum ist Gebet so immens wichtig:

Denn die Waffen unseres Kampfes sind nicht fleischlich, sondern mächtig im Dienste Gottes, Festungen zu zerstören. Wir zerstören damit Gedanken und alles Hohe, das sich erhebt gegen die Erkenntnis Gottes, und nehmen gefangen alles Denken in den Gehorsam gegen Christus.
2. Korinther 10:4-5

Gebet und Fürbitte sind letztlich unsere wichtigsten Dienste an unseren Mitmenschen. Wir müssen verstehen, dass sich der Konflikt in unserem Zusammenleben und Dienst an Menschen anderer Religionen zuerst auf der geistlichen Ebene abspielt, und dass sich als Folge davon auch unsere wichtigsten Aktivitäten auf der geistlichen Ebene abspielen müssen.

Besonders wichtig wird diese Tatsache, wenn wir mit eher mystischen Formen, wie Sufismus oder Volksislam, des Islams zu tun haben. Hier wird es weniger um intellektuelle Überzeugungsarbeit als um die Frage von Macht gehen, denn für Menschen aus diesem Hintergrund ist nicht so wichtig, ob etwas intellektuell wahr ist als vielmehr, ob es Kraft hat, den Alltag zu verändern. Hier wird das Gebet für Kranke und Belastete zentral sein.

Muslime beten fünfmal täglich ihre rituellen Gebete. Viele unter ihnen praktizieren zusätzlich das freiere „Dua"-Gebet. Wie sieht es mit Ihrer Gebetshingabe aus? Sind Sie bereit, in diesen Bereich mehr Zeit und Energie zu investieren?

Im Zusammenhang mit der Fürbitte sollten wir auch das Fasten erwähnen. Die Urgemeinde fastete zweimal pro Woche. Jesus kannte ausgedehnte Zeiten des Betens und Fastens. Muslime fasten einen ganzen Monat pro Jahr. Alle Männer und Frauen Gottes, die von Ihm mächtig gebraucht wurden, waren Männer und Frauen des Gebets und des Fastens. Wie sieht es bei Ihnen diesbezüglich aus? Sind Sie bereit, diesen Preis zu zahlen?

Angesichts der großen Wichtigkeit des Betens und Fastens ist es lohnenswert, auch gemeinsam in Gebetskreisen, Hauskreisen, Gemeinden und Jugendgruppen Fürbitte für Menschen anderer Kulturkreise zu einer Priorität zu machen.

> *Unter der Leitung und in der Kraft des Heiligen Geistes leben*

Diese Arbeit wird ohne Hilfe und Kraft des Heiligen Geistes unmöglich sein:

- ER ist es, der uns die Kraft gibt, auf andere Menschen zuzugehen und sie zu lieben.

- ER ist es, der uns im richtigen Moment die richtigen Worte in den Mund legt.

- ER ist es, der uns durch „göttliche Rendez-vous" zu den Personen führt, die wir vielleicht gar nicht kennen, die aber bereits darauf vorbereitet sind, seine Botschaft zu empfangen.

- ER ist es, der übernatürlich in das Leben der Menschen eingreift, zum Beispiel durch Heilungen, Träume und Visionen.

- ER ist es, der Menschen von ihrer Sünde überführt.

- ER ist es, der die Blindheit der Menschen aufhebt und ihnen Jesus offenbart.

4.6. ... hat einen langen Atem

Wer mit Menschen anderer Religionen arbeiten will, braucht einen langen Atem. Erfolg wird sich nur in seltenen Fällen per sofort wie ein Instant-Kaffee einstellen.

Dieser lange Atem zeigt sich in Geduld (Röm. 5:3-5) und Durchhaltevermögen (Hebr. 10:35-39). In unserer schnelllebigen Zeit lassen sich viele Mitarbeiter frühzeitig entmutigen, wenn sich sichtbarer Erfolg nicht wie erwünscht rasch einstellt. Wer Menschen anderer Kulturen segnen will, muss jedoch bereit sein, Jahre zu investieren. Er wird Sprache und Kultur lernen und Beziehungen aufbauen. Er wird geduldig und in Liebe die Botschaft des Evangeliums vermitteln. Er wird etliche Rückschläge und Entmutigungen überwinden müssen. Es braucht eine gute Portion Entschlossenheit, um so über Jahre weiterzugehen und nicht das Handtuch zu werfen, weil gegebenenfalls über lange Zeit kein sichtbarer Erfolg vorzuweisen ist.

Wir sollten vorsichtig sein und die Wörter „Erfolg" und „Frucht" nicht verwechseln. Das Wort „Frucht" wird im Neuen Testament in erster Linie für unseren Charakter gebraucht. Darin enthalten sind Dinge wie Liebe, Disziplin und Geduld. Unsere Aufgabe ist es, geduldig und in Liebe zu leben, kulturell feinfühlig die Botschaft zu vermitteln und weise Methoden anzuwenden. Hingegen ist es an Gott, Offenbarung zu schenken.

Viele Mitarbeiter haben die Arbeit frühzeitig aufgegeben, weil sie diese Wahrheiten nicht verstanden haben. Wir brauchen einen langen Atem, um zum Ziel zu gelangen. Es wäre doch schade, wenn wir aufhören würden für diese Menschen zu beten und zu arbeiten, nur weil nicht gerade das eingetroffen ist, was wir uns erhofft hatten.

4.7. ... hat eine hohe Opferbereitschaft

Wir wünschen uns die Erfahrungen des Neuen Testamentes, insbesondere jene der Evangelien (Zeichen und Wunder Jesu) oder von 1. Korinther 12 und 14 (Gaben des Heiligen Geistes). Dabei vergessen wir, dass zu den grundsätzlichen Erfahrungen des Neuen Testamentes Leiden und Schmerz gehören. Man denke an die Passionsgeschichte oder an Paulus, der in 2. Korinther 11 und 12 seine Karriere beschreibt und dabei sagt: „Ich habe mehr gelitten als Ihr alle."

Die westliche Kirche predigt oft ein verfälschtes Evangelium. Sie vergisst, dass Segen nicht mit Wohlstand, Frieden und Gesundheit gleichzustellen ist. Wir haben sowohl biblische als auch kirchengeschichtliche Beispiele, die zeigen, dass überaus gesegnete Menschen manchmal gerade diejenigen waren, die besonders viel zu leiden hatten. Dies trifft bestimmt auf Jesus und die ersten Apostel zu (von denen zehn den Märtyrertod erlitten). Und in unserem Gerechtigkeitssinn vergessen wir, dass das Leben für die meisten Menschen dieser Welt ungerecht und unfair ist und sie dagegen nichts unternehmen können (z.B. Menschen unter totalitären Regimes oder in Kriegsgebieten).

Jesus hat nie ein langes oder bequemes Leben versprochen, vielmehr hat er gesagt, dass er uns wie Schafe unter die Wölfe sendet, dass wir von allen gehasst würden wegen seinem Namen (Lk. 21:17), dass er uns in die Welt sendet, wie der Vater ihn gesandt hatte. Paulus fügt hinzu, dass all jene, die treu in Jesus leben wollen, verfolgt würden (2. Tim. 3:12). Das Wort für „Zeuge", das Jesus in Apostelgeschichte 1:8 gebraucht, lautet im griechischen Urtext „Martyros" und kann auch Blutzeuge bedeuten.

Unsere Opferbereitschaft sollte bis dahin reichen, dass wir bereit sind, nicht mehr zurück zu kommen, wenn wir in fremde Länder gesandt werden.

Haben Sie diese Opferbereitschaft? Viele Menschen anderer Religionen erleben massive Verfolgung und Verwerfung, wenn sie sich entscheiden, ein Nachfolger Jesu zu werden. Der Zeuge unter ihnen wird gegebenenfalls dasselbe erleben müssen.

Eine hohe Opferbereitschaft zu haben bedeutet nicht nur bereit zu sein, für Jesus zu sterben, sondern auch bereit zu sein, für ihn zu leben – und das kann im Kontext eines antichristlichen Umfeldes noch schwieriger sein. Es könnte beispielsweise bedeuten, über Jahre oder vielleicht ein Leben lang ausgelacht, verspottet, beleidigt, verfolgt und isoliert zu werden.

Jesus konnte in seinem Leiden durchhalten, weil er sich die ewige Freude fest vor Augen gesetzt hatte. Auch wir können opferbereit sein, gerade weil uns eine ewige Freude versprochen ist.

Darum auch wir: Weil wir eine solche Wolke von Zeugen um uns haben, lasst uns ablegen alles, was uns beschwert, und die Sünde, die uns ständig umstrickt, und lasst uns laufen mit Geduld in dem Kampf, der uns bestimmt ist, und aufsehen zu Jesus, dem Anfänger und Vollender des Glaubens.
Hebräer 12:1-2

Kapitel 5

Den Kontext verstehen

B evor Sie den Menschen aus anderen Kulturkreisen und Religionen bedeutungsvoll begegnen können, sollten Sie verstehen, woher sie kommen, welches ihre Prioritäten sind, was sie glauben, aber auch welches ihre Vorurteile, Sorgen und Probleme sind.

Die Schrift gibt uns folgenden Rat:

> *Ihr sollt wissen, meine lieben Brüder: Ein jeder Mensch sei schnell zum Hören, langsam zum Reden, langsam zum Zorn.*
> Jakobus 1:19

Haben Sie sich jemals Gedanken darüber gemacht, warum Gott uns zwar mit zwei Ohren und zwei Augen, aber nur mit einem Mund erschaffen hat? Könnte er uns vielleicht zeigen wollen, dass wir zuerst gut zuhören und genau beobachten und erst dann sprechen sollten? Nur wer sein Gegenüber gut verstanden hat, wird in der Lage sein, eine für es relevante Botschaft zu vermitteln.

5.1. Ihren sozialen und intellektuellen Kontext verstehen

Auf der sozialen Ebene ist der Muslim von drei wichtigen sozialen Gruppen umgeben, im nebenstehenden Schema durch verschiedene Kreise dargestellt:

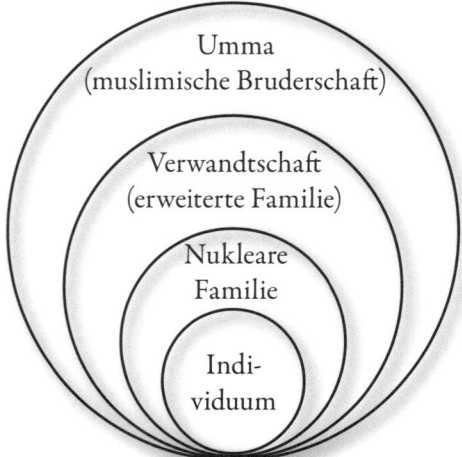

Schema 2: Ihr sozialer Hintergrund

In unserer westlichen, extrem individualistischen Gesellschaft ist es wichtig zu verstehen, dass ein Muslim sich nicht als ein Individuum sieht, sondern als einen kleinen Teil eines großen Ganzen. In vielen nicht-westlichen Sprachen gibt es detaillierte Wörter für Verwandte und Verwandtschaftsgrade, die gänzlich unübersetzbar sind. Dies zeigt die enorme Wichtigkeit, die das soziale Gefüge und die erweiterte Familie für diese Menschen hat.

Der Muslim ist umgeben von einer ganzen Sippe und einer weltweiten Gemeinschaft. Alles muss daran gesetzt werden, dieses soziale Gefüge in Harmonie zu halten. Wer daraus ausbricht, wird zum Verräter. Man wird als Muslim geboren, und seine ganze Identität wird dadurch definiert, ob der Einzelne das will oder nicht. In vielen arabischen Kontexten beispielsweise bedeutet Araber zu sein zugleich, Muslim zu sein. Wer nicht mehr Muslim sein will, verliert dadurch auch das Recht, Araber zu sein, und muss darum ausgestoßen oder eliminiert werden.

Auf der intellektuellen Ebene wird das Denken eines Muslims von drei wichtigen Einflüssen geprägt:

➤ Der klassische Islam, basierend auf dem Koran und den Hadiths (islamische Tradition). Von jedem Muslim wird erwartet, dass er seinen Glauben auf diese Schriften basiert.

➤ Der Volksglaube: Glaube an eine mystische, übernatürlich-geistliche Welt. Diese zweite Ebene beinhaltet oft Elemente eines Volksglaubens wie Angst vor Dschinn (bösen Geistern) oder vor dem bösen Blick, die Suche nach Schutz durch Amulette und magische Sprüche, traditionelle Heilkunde und anderes mehr. Im alltäglichen Erleben des Muslims ist dieser zweite Einfluss oft stärker als der erste.

➤ Seine persönlichen Überzeugungen und Erfahrungen: In der islamischen Religion gibt es mindestens ebenso viele verschiedene Sekten und Gruppierungen, Ansichten und Meinungen wie im Christentum. Nicht alle Muslime teilen dieselben Überzeugungen und Praktiken. So gibt es beispielsweise neben den sehr strikten und konservativen Wahabiten auch die sehr liberalen Sufisten, die zum Beispiel in Ländern wie Ägypten mit Gitarre und Trommel Allah anbeten, wie auch andere Sekten, die täglich nur dreimal anstatt fünfmal rituelle Gebete durchführen, ganz zu schweigen von den Schiiten mit ihren sehr abweichenden Glaubenssätzen und Praktiken.

Das führt uns zum nächsten Abschnitt, dem individuellen Kontext.

5.2. Ihren individuellen Kontext verstehen

Wie unter Abschnitt 5.1. erwähnt, ist es falsch, den islamischen Block als eine Einheit zu betrachten, in dem alle dasselbe glauben und denken. Gemäß der Überlieferung hatte bereits der Gründer der islamischen Religion gesagt, dass diese sich nach ihm in 73 Sekten spalten werde, und abgesehen von einer würden sie alle in der Hölle enden.

Es würde den Rahmen des vorliegenden Buches sprengen, die verschiedenen Sekten innerhalb des Islams zu behandeln. Wir wollen uns aber dennoch dem individuellen Kontext widmen.

Ihr individueller Kontext und angepasste Strategien		
Kontext	**Merkmale**	**Angepasste Strategien**
Fanatisch Extremistisch	• Diskutiert gerne über Religion • Hinterfragt gerne unsere Religion • Versucht zu überzeugen	• Besonders viel beten • Wenn möglich, freundschaftlichen Kontakt halten • Konfrontation möglichst vermeiden • Unnützen Diskussionen aus dem Weg gehen
Intellektuell Gebildet	• Liest gerne, will mehr wissen • Mag konstruktive Diskussionen	• Wissenschaftliche Literatur weitergeben • Debatten und Diskussionen organisieren
Desillusioniert Enttäuscht	• Desillusioniert durch den Fanatismus anderer • Mit vielen Fragen, offen für Neues	• Ihm frisches Wasser, Gute Nachricht bringen • Ihm mit echten, gelebten Zeugnissen begegnen

Ihr individueller Kontext und angepasste Strategien		
Kontext	**Merkmale**	**Angepasste Strategien**
„Geistlich" Auf das Übernatürliche ausgerichtet	• Macht häufige „Dua", fastet viel • Sucht übernatürliche Erfahrungen	• Mit ihm zusammen um übernatürliche Offenbarung beten • Ihm insbesondere die Berichte von Heilungen und Offenbarungen in der Bibel zeigen
Nicht-praktizierend	• Macht rituelle Gebete nicht, geht nicht zur Moschee • Kennt seine Religion und den Koran kaum	• Ihm auf der sozialen Ebene begegnen, Freund werden • Ihm bewusst machen, dass es durchaus andere Optionen gibt

Tabelle 3: Ihr individueller Kontext und angepasste Strategien

Eine bessere Kenntnis ihres individuellen Kontexts hilft uns, bessere, angepasstere Strategien anzuwenden und dadurch eine relevantere Botschaft zu verkünden.

5.3. Ihren Glauben verstehen

Was für den individuellen Kontext gilt, ist auch für das Glaubenssystem ganz allgemein wichtig: Je besser wir es verstehen, desto relevanter kann unsere Verkündigung sein. Der folgende Abschnitt ist ein kurzer Abriss des Islams:

➤ *Was ein Muslim glaubt:*

- Allah: Die Einzigkeit Gottes (Sure 112:1-4).

- Die Engel Gottes (Sure 35:1) und die Dschinn, gute und böse.

- Die Bücher Gottes (Sure 2:136): Thora, Zabour, Injil, Koran.

- Die Propheten Gottes (Sure 35:24); gemäß der islamischen Tradition gibt es 124.000 Propheten, wovon 25 namentlich im Koran erwähnt sind. Von diesen 25 koranischen Propheten sind 22 auch biblisch. Propheten sind in der islamischen Theologie vor allem „Warner".

- Der Tag des Endgerichts (Sure 21:47).
- Die Prädestination (Sure 25:2).

> *Was ein Muslim praktiziert – die fünf Pfeiler des Islams:*

- Das Glaubensbekenntnis (Schahada).
- Die fünf täglichen rituellen Gebete (Salat).
- Die Abgaben (Zakat): Eine Abgabe von 2,5 Prozent des jährlichen Einkommens.
- Das Fasten während des Monats Ramadan (Saum): der 9. Monat des islamischen Kalenders, der Monat der Offenbarung.
- Die Pilgerreise nach Mekka (Haddsch): obligatorisch nur für Muslime, die dafür genügend finanzielle Mittel haben und gesund sind.
- Der Heilige Krieg (Dschihad): Obwohl im Allgemeinen von fünf Pfeilern gesprochen wird, betrachtet eine Anzahl Muslime den Dschihad als sechsten Pfeiler. Dschihad bedeutet allerdings nicht nur Krieg mit Waffen, sondern auch „Bemühung", „Suche" (Sure 9:5; 6:29).

Wie oben erwähnt, ist der klassische Islam nicht die einzige Grundlage für die Überzeugungen und Praktiken der meisten Muslime. Es fügen sich oft auch Praktiken aus dem Volksglauben hinzu, wie beispielsweise:

- das Trinken von Koranversen
- das Tragen von Talismanen
- das Durchführen von Opfern
- der Glaube an den bösen Blick
- die magische Verwendung von Zahlen und Zahlenkombinationen

5.4. Ihren kulturellen Kontext verstehen

Die beste und kürzeste Definition für Kultur ist „die Art und Weise, wie man die Sachen hier macht". Kultur beschreibt den Glauben, die Lebensweise, die Denkmuster einer Gesellschaft.

Aus verschiedenen Gründen ist es wichtig, uns auch mit der Kultur zu beschäftigen:

➤ Ehe wir über Doktrin und Glaube sprechen, begegnen wir unserem Gegenüber immer auf der kulturellen Ebene. Dies ist unvermeidlich, denn jede Religion ist in eine Kultur eingebettet und ist „kulturlos" nicht ausübbar. Wenn wir andersartigen Kulturen nicht feinfühlig begegnen, bauen wir unnötige Barrieren und Menschen werden ihre Ohren und Herzen bereits verschlossen haben, ehe wir unseren Mund öffnen...

➤ Obwohl das Evangelium an sich überkulturell ist, drückt es sich doch in kulturspezifischen Formen aus. Wenn wir die andersartige Kultur gut kennen, können wir erkennen, wie das Evangelium sich in dieser Kultur ausdrücken könnte.

➤ Wir müssen unbedingt lernen, zwischen Evangelium und Kultur zu unterscheiden. Wir sind nicht dazu berufen, ein westlich gefärbtes Evangelium zu vermitteln, sondern ganz einfach die Saat des Evangeliums in Menschen und Kulturen zu pflanzen und sich dann darin entwickeln zu lassen.

In der Folge einige Schlüsselbereiche der islamischen Kultur:

➤ *Familienleben:*

- Ehe und Familie sind sehr wichtig und von allen Mitgliedern der Gesellschaft erwartet.

- Männer- und Frauenwelten sind im Allgemeinen strikte getrennt.

- Familie wird nicht als nuklear, sondern als erweitert definiert.

- Gehorsam der Kinder Eltern, Onkeln und Großeltern gegenüber wird erwartet.

➤ *Ernährung:*

- Die islamische Religion unterscheidet zwischen „haram" (verboten, unrein) und „halal" (erlaubt, rein). Beispiele für verbotene Nahrungsmittel und Getränke:

  · Schweinefleisch
  · Kadaver
  · Blut
  · Tiere, die nicht rituell geschlachtet wurden (nicht im Namen Allahs).

- Alkohol
- Essen mit der linken Hand

➤ *Kleidung:*

- Vor allem von Frauen wird eine sehr konservative Kleidung erwartet (die sich natürlich durch den jeweiligen Kontext definiert, zum Beispiel können Land- oder Stadtkleidung große Unterschiede aufweisen).

- Im Allgemeinen werden Einfachheit und Bescheidenheit erwartet.

➤ *Symbole und Sprache:*

- Arabische Symbolik, Kunst und Sprache sind für jeden Muslim grundlegend.

- Der Koran ist grundsätzlich unübersetzbar in andere Sprachen und muss in Arabisch studiert und rezitiert werden.

- Die wichtigsten religiösen Ausdrücke sind unübersetzbar in andere Sprachen, so muss beispielsweise jeder Muslim in Arabisch beten.

➤ *Gottesdienst und religiöses Leben:*

- Keine artistische Darstellung von Menschen oder Tieren ist erlaubt.

- Die meisten islamischen Sekten verneinen den Gebrauch von Musikinstrumenten oder Gesang (mit Ausnahme der rhythmischen Rezitierung des Korans) in der Anbetung.

- In den Moscheen gibt es keine Möblierung. Anbetung findet auf Teppichen oder Matten statt.

- Der Koran ist ein heiliges Buch. Er wird viel geehrt und manchmal auch verehrt, ihm wird der höchste Platz in einem Raum eingeräumt, und auf ihn wird im Gericht der Eid abgelegt.

- Der islamische Kalender kennt mehrere wichtige Feste, so zum Beispiel das Id-al Kabir.

➤ *Soziales Leben:*

- Muslime wünschen sich Frieden. Jede Begrüßung beginnt mit dem Ausdruck „Salamu aleykum", „Friede sei mit Euch", worauf ebenso geantwortet wird: „Wa aleykuma Salam". Der Gruß kommt dem hebräischen „Schalom" und dem frühkirchlichen „Friede sei mit Euch" (Lk. 24:36b) sehr nahe.

- Gute Beziehungen zu Nachbarn und Verwandten werden betont. Der Einzelne muss sich in die Gruppe einfügen und seine persönlichen Interessen jener der Gruppe unterstellen.

- Es gibt keine Unterscheidung zwischen säkularer und geistlicher Welt. Der Islam ist eine totalitäre Religion, die alle Lebensbereiche umschließt.

- Die meisten islamischen Gesellschaften sind Schamkulturen: Die Ehre muss um jeden Preis aufrechterhalten werden.

- Gastfreundschaft ist ein grundlegendes Merkmal der meisten islamischen Kulturen, in nomadischen Kulturen sogar eine „heilige Pflicht".

➤ *Einige allgemeine Bemerkungen:*

- Die beste Art, ihre Kultur kennen zu lernen ist, viel Zeit mit ihnen zu verbringen, sie zu besuchen und ihnen gegenüber Gastfreundschaft auszuüben, sie zu beobachten, Fragen zu stellen und ihnen zuzuhören. Das ist übrigens auch die beste Art, gegenseitig vorhandene Vorurteile abzubauen.

- Es gibt keine allgemein gültige islamische Kultur. Die Kultur verändert sich von Land zu Land und häufig auch innerhalb eines Landes von einer Region zur anderen. Außerdem entwickelt sich auch in den islamischen Gesellschaften eine urbane Jugendkultur, die mit traditionellen Werten immer weniger gemeinsam hat.

- Nachdem wir ihren kulturellen Kontext etwas besser verstanden haben, ist es an der Zeit, uns und unsere Lebensweise im Umgang mit ihnen auszuwerten: Wie kommt unsere Art bei ihnen an? Was könnte schockierend sein für sie? In welchen Bereichen sollten Sie sich anpassen, sich ihnen gegenüber feinfühliger verhalten?

5.5. Ihre Vorurteile verstehen

Es ist wichtig zu verstehen, dass nicht nur viele Christen Muslimen gegenüber Vorurteile haben, sondern dass die meisten Muslime den Christen ebenso, wenn nicht noch mehr, Vorurteile entgegen bringen. Wenn wir ihnen begegnen, muss uns darum bewusst sein, dass wir nicht auf leerem Terrain zu bauen beginnen, sondern dass da schon eine ganze Menge vor uns und gegen uns „gebaut" wurde.

➤ *Theologische Einwände gegen die biblische Christologie*

- Die Dreieinigkeit besteht aus Gott dem Vater, Maria der Mutter und Jesus dem Sohn:

Und [damals] als Gott sagte: ,Jesus, Sohn der Maria! Hast du [etwa] zu den Leuten gesagt: „Nehmt euch außer Gott mich und meine Mutter zu Göttern!"?' Er sagte: ,Gepriesen seist du! [Wie dürfte man dir andere Wesen als Götter beigesellen!] Ich darf nichts sagen, wozu ich kein Recht habe. Wenn ich es [tatsächlich doch] gesagt hätte, wüsstest du es [ohnehin und brauchtest mich nicht zu fragen] [w. Wenn ich es gesagt habe, wusstest du es]. Du weißt Bescheid über das, was ich [an Gedanken] in mir hege. Aber ich weiß über das, was du in dir hegst, nicht Bescheid. Du [allein] bist es, der über die verborgenen Dinge Bescheid weiß.
Sure 5:116

- Jesus ist der leibliche Sohn Gottes. Die meisten Muslime gehen davon aus, dass Christen glauben, Gott habe auf biologische Art einen Sohn gezeugt.

Sag: Er ist Gott, ein Einziger, Gott, durch und durch [er selbst][?] [w. der Kompakte] [oder: der Nothelfer [?], w. der, an den man sich [mit seinen Nöten und Sorgen] wendet, genauer: den man angeht?] Er hat weder gezeugt, noch ist er gezeugt worden. Und keiner ist ihm ebenbürtig.
Sure 112:1-4

[Er ist] der Schöpfer von Himmel und Erde. Wie soll er zu Kindern kommen, wo er doch keine Gefährtin hatte [die sie ihm hätte zur Welt bringen können] und [von sich aus] alles geschaffen hat [was in der Welt ist]? Er weiß über alles Bescheid.
Sure 6:101

- Jesus, wie alle Nachkommen Adams, hatte nur eine menschliche Natur:

Christus, der Sohn der Maria, ist nur ein Gesandter. Vor ihm hat es schon [andere] Gesandte gegeben. Und seine Mutter ist eine Wahrhaftige [?]. Sie pflegten [als sie noch auf der Erde weilten, wie gewöhnliche Sterbliche] Speise zu sich zu nehmen. Sieh, wie wir ihnen [d.h. den Christen, die diese falschen Ansichten vertreten] die Verse [w. Zeichen] klar machen! Und dann sieh, wie verschroben sie sind [so dass sie trotz aller Belehrung kein Einsehen haben]!
Sure 5:75

- Jesus wurde von Gott erschaffen:

Jesus ist [was seine Erschaffung angeht] vor Gott gleich wie Adam. Den schuf er aus Erde. Hierauf sagte er zu ihm nur: sei!, da war er.
Sure 3:59

- Jesus starb nicht am Kreuz, er wurde vielmehr von Gott in den Himmel gehoben, ohne zu sterben:

Und weil sie ungläubig waren und gegen Maria eine gewaltige Verleumdung [oder: Schandbarkeit] vorbrachten [w. aussagten], und [weil sie] sagten: ‚Wir haben Christus Jesus, den Sohn der Maria und Gesandten Gottes, getötet.‘ – Aber sie haben ihn [in Wirklichkeit] nicht getötet und [auch] nicht gekreuzigt. Vielmehr erschien ihnen [ein anderer] ähnlich [so dass sie ihn mit Jesus verwechselten und töteten]. Und diejenigen, die über ihn [oder: darüber] uneins sind, sind im Zweifel über ihn [oder darüber]. Sie haben kein Wissen über ihn [oder: darüber], gehen vielmehr Vermutungen nach. Und sie haben ihn nicht mit Gewissheit getötet [d.h. sie können nicht mit Gewissheit sagen, dass sie ihn getötet haben].
Sure 4:156-158.

- Die islamische Überlieferung lehrt außerdem, dass Jesus nach seiner Rückkehr auf die Erde ungefähr 40 Jahre lang regieren, sich verheiraten und Kinder haben wird. Er wird sterben und anschließend in Medina begraben werden. Am Tag des Gerichts wird er auferstehen und mit den anderen Menschen vor dem Allmächtigen Gott erscheinen, um gerichtet zu werden.

- Jesus sagte das Kommen Mohammeds voraus :

Und [damals] als Jesus, der Sohn der Maria, sagte: ‚Ihr Kinder Israels! Ich bin von Gott zu euch gesandt, um zu bestätigen, was von der Thora vor mir da war [oder: was vor mir da war, nämlich die Thora], und einen Gesandten mit einem hochlöblichen Namen zu verkünden, der nach mir kommen wird.‘ Als er dann mit den klaren Beweisen zu ihnen kam, sagten sie: ‚Das ist offensichtlich Zauberei‘.
Sure 61:6

➤ *Allgemeine Vorurteile gegenüber den Christen:*

- Christen sind unmoralisch, freizügig, kapitalistisch und trinksüchtig. Da es im Islam keinen Unterschied zwischen säkularer und geistlicher Welt gibt, geht der Muslim davon aus, dass dies auch im Christentum der Fall ist. Die so genannt „christlichen" Länder sind es aber, die, insbesondere durch Kinofilme, Werbung und anderes mehr unmoralische Werte verbreiten.

- Christen haben die Bibel verfälscht. Ich habe einen Freund, dem seit seiner Kindheit immer wieder gesagt wurde, dass die Hand, welche die Bibel der Christen berühre, direkt in der Hölle brennen würde. Einem anderen muslimischen Freund wurde klar gemacht, dass all jene, die einen christlichen Film anschauen, direkt zur Hölle fahren würden...

- Christen sind Polytheisten, die drei Götter anbeten:

*Ungläubig sind diejenigen, die sagen: ‚Gott ist Christus, der Sohn der Maria.'
Christus hat [ja selber] gesagt: ‚Ihr Kinder Israels! Dienet Gott, meinem und
eurem Herrn!' Wer [dem einen] Gott [andere Götter] beigesellt, dem hat Gott
[von vornherein] den Eingang in das Paradies versagt [w. das Paradies verboten]. Das Höllenfeuer wird ihn [dereinst] aufnehmen. Und die Frevler haben
[dann] keine Helfer. Ungläubig sind diejenigen, die sagen: ‚Gott ist einer von
dreien.' Es gibt keinen Gott außer einem einzigen Gott. Und wenn sie mit
dem, was sie [da] sagen, nicht aufhören [haben sie nichts Gutes zu erwarten].
Diejenigen von ihnen, die ungläubig sind, wird [dereinst] eine schmerzhafte
Strafe treffen.*
Sure 5:72-73

- Das allgemeine Verhalten der Christen ist nicht respektabel: ihre Art sich zu kleiden, ihre Art, Gottesdienste zu feiern (Musikinstrumente, Sitzen auf Bänken oder Stühlen, Männer und Frauen nebeneinander etc.).

Im Kapitel 6 werden wir über die Verkündigung ohne Worte nachdenken. Viele Muslime haben noch nie in ihrem Leben authentische Nachfolger Jesu gesehen. Gerade dieses authentische Leben in ihrer Mitte, das sie beobachten können, wird ihnen helfen, Vorurteile abzubauen.

5.6. Ihre Fragen und Bedürfnisse verstehen

Das Evangelium ist nur dann wirklich eine Gute Nachricht, wenn sie für wahrgenommene Bedürfnisse des Zuhörers eine Lösung anbietet. Das beste Festessen ist kein Festessen für den, der gerade den Magen voll hat.

Es ist darum wichtig, eine Botschaft anzubieten, die auf ihre tiefen Fragen Antworten hat, Lösungen für ihre Probleme anbietet, ihre Bedürfnisse stillt. In dieser Verkündigung muss die Gute Nachricht in erster Linie ihnen gut erscheinen, nicht uns.

Bevor wir das Evangelium verkünden, sollten wir darum identifizieren, wo sie der Schuh drückt. Am effektivsten tut man dies, wenn man viel, viel Zeit mit ihnen verbringt und sie kennen lernt. So tat es Jesus, der inmitten des Volkes lebte und dadurch für jeden in seiner ganz spezifischen Situation eine Gute Nachricht hatte.

Die folgende Tabelle ist ein Beispiel für einen spezifischen, eher volksislamischen Kontext. Es ist empfehlenswert, eine ähnliche Tabelle für Ihren Kontext zu erstellen, nachdem Sie bereits einige gute Beziehungen haben.

Bedürfnisse	Antworten	Mögliche Lösungen des Evangeliums
Angst vor dem Bösen, vor Dschinn und Flüchen, vor dem bösen Blick etc.	Zauberei, Amulette, Exorzismus	Schutz durch das Vertrauen in Christus und sein Opfer und im Namen Jesu; Befreiung durch das Gebet im Namen Jesu; die Engel Gottes; Jesus hat Macht über das Böse (Mk. 16:17; Jer. 27:9)
Angst vor der Zukunft	Fatalismus, Magie	Biblische Verheißungen; Vertrauen in den Herrn, der auch die Zukunft fest in der Hand hält; prophetische Worte (Jes. 45:20-21)
Ehrverlust (in Schamkultur)	Magie, Rache, Flüche	Echte Vergebung und Versöhnung sind möglich; Wiederherstellung der Ehre auch ohne Rache; völlige Akzeptanz in der Familie Gottes (1. Kor. 12:27; 2. Kor. 6:17-18)
Ohnmacht des Einzelnen	Suche nach „baraka" (Segen)	Kraft des Heiligen Geistes; alle Segnungen in Christus; Gebet (Eph. 1:3; Apg. 1:8)
Angst vor dem Tod und der ewigen Verlorenheit	Gebete und Opfer für die Verstorbenen	Sieg über den Tod und Gewissheit des Ewigen Lebens (1. Kor. 15:54-56; Phil. 1:21; Joh. 5:24)

Bedürfnisse	Antworten	Mögliche Lösungen des Evangeliums
Zweifel betreffend der Sündenverge-bung	Unzählige Wieder-holungen von For-meln (stafurlahi), Darbringung von Opfern	Versöhnung in Christus ist allen Menschen zugänglich; wahrer Herzensfrieden mög-lich, weil das Opfer Jesu für alle Sünden genügt (Joh. 1:29; Röm. 8:1; 1. Joh. 1:9)
Entfernung von Gott	Suche nach über-natürlichen Erfah-rungen, Pilgerreise nach Mekka und anderen Pilgeror-ten, Sufismus	Direkter Zugang zum Thron Gottes; Herzensgemeinschaft mit Gott unserem Vater, Jesus unserem Bruder und dem Hei-ligen Geist unserem Tröster, der in uns lebt (Hebr. 4:16; Apg. 17:30; Jes. 55:6; Offb. 3:20)
Bindung an Sünde und schlechte Gewohnheiten	Äußere Reinigung durch Riten (Ab-solution, rituelle Waschungen)	Echte Freiheit in Jesus, Heili-gung, Früchte des Geistes (Gal. 5:1, 22-23 ; Joh. 8:32-36)

Tabelle 4: Ein Beispiel für wahrgenommene Bedürfnisse

Dikton: „Schafe weiden, wo das Gras am grünsten ist." Es ist unsere Aufga-be, unseren Mitmenschen zu zeigen, wo das grünste Gras für sie ist. Wenn wir es ihnen nicht mitteilen, ist ihnen nicht bewusst, dass es im Leben auch noch andere, bessere Optionen gibt. Je mehr wir diese Gute Nachricht streuen, umso wahrscheinlicher ist es, dass wir Menschen ansprechen werden, die sich ihrer Be-dürfnisse bewusst werden und für neue Lösungen offen sind.

Eine nähere Betrachtung der Tabelle 4 zeigt, dass die Bedürfnisse viel mehr auf der emotional-experimentalen Ebene liegen als auf der kognitiv-intellektuel-len. Darum, und darauf werden wir im Verlauf dieses Buches noch zurückzukom-men haben, sollte unser Anknüpfungspunkt nicht in erster Linie der Intellekt, sondern die Erfahrung der Macht und Gegenwart Gottes sein.

Zugleich stellen wir auch fest, dass Muslime einen sehr hohen Respekt haben für Jesus, und dies insbesondere wegen seiner Autorität und Macht, Kranke zu heilen, Tote wieder lebendig zu machen und allgemein Wunder zu tun. Er wird nicht erhoben wegen seiner intellektuellen Kenntnis, sondern wegen seiner Macht, Menschen zu verändern.

Ja, Jesus hat sich um die wahrgenommenen Bedürfnisse seiner Mitmenschen gekümmert und diese sehr häufig genutzt, um sie ein Stück näher zu sich zu bringen. Die Apostel haben es ihm gleich getan. In Kolossä, wo der Gnostizismus sehr verbreitet war, wurde Jesus als höchste Kenntnis und Weisheit gepredigt. In Korinth jedoch war weniger von Kenntnis als vielmehr vom „Evangelium der Kraft" die Rede.

Diese Tatsachen können uns helfen, gute „Landeplätze für das Evangelium" im Leben unserer Mitmenschen zu finden. Obwohl Jesus auch gekommen ist, um den Menschen die ganze Fülle zu bringen (Joh. 10:10), ist das grundlegende Bedürfnis jedes Menschen Vergebung seiner Schuld und Gewissheit des Ewigen Lebens. Jesus kam, um zu suchen und zu finden, was verloren ist.

Im Kontakt mit Muslimen sollte uns bewusst sein, dass sie zweifach vorgeprägt sind:

> *Negative Prägung:* seine Einwände gegen die biblische Christologie und seine Vorurteile Christen gegenüber.

> *Positive Prägung:* seine ungestillten Bedürfnisse und unbeantworteten Fragen.

Eine Kenntnis dieser Prägungen kann Ihnen helfen, Muslime besser zu verstehen und ihnen eine Botschaft des wahren Segens, eine wirklich Gute Nachricht zu vermitteln.

Kapitel 6

Verkündigung ohne Worte

Einleitung – Der Zyklus der Verkündigung

In den folgenden zwei Kapiteln werden wir verschiedene Methoden der Verkündigung besprechen. Wichtig ist jedoch, nie zu vergessen, dass wir mit Menschen zu tun haben, nicht mit Sachgegenständen. Es gibt darum keine Rezepte, wie andere Menschen zu segnen sind. Jeder Mensch und jede Situation sind verschieden. Sie werden auf den folgenden Seiten einige grundlegende Prinzipien finden – die konkrete Anwendung müssen Sie jedoch selber mit der Hilfe des Heiligen Geistes finden.

Folgendes Schema fasst den Zyklus der Verkündigung zusammen:

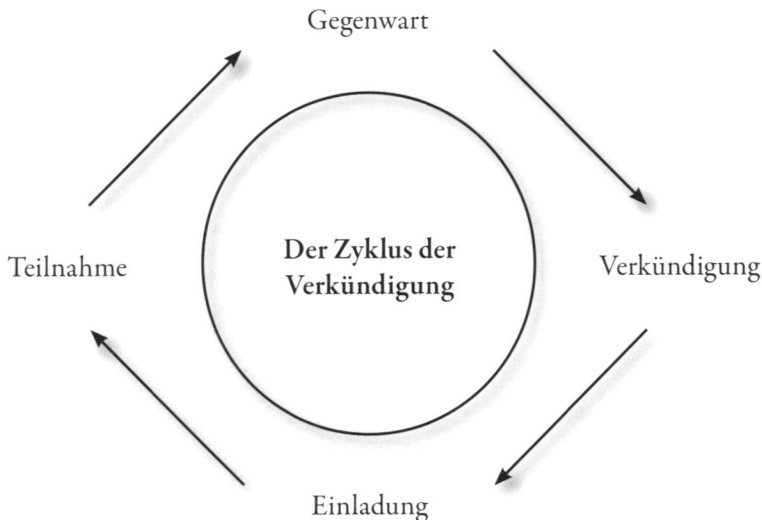

Schema 5: Der Zyklus der Verkündigung

> Gegenwart: Verkündigung ohne Worte – das sprachlose Zeugnis eines authentischen Jüngers Jesu

> Verkündigung: Verkündigung mit Worten von biblischer Wahrheit über den Messias

> Einladung: Unser Gegenüber einladen, in die Nachfolge Jesu zu treten

> Teilnahme: Aktive Mitarbeit des Neugläubigen in der Verkündigung

Dieser Zyklus sollte immer wieder von Neuem anfangen:

Und was du von mir gehört hast vor vielen Zeugen, das befiehl treuen Menschen an, die tüchtig sind, auch andere zu lehren.
2. Timotheus 2:2

Kapitel 6 behandelt den ersten Schritt dieses Zyklusses, die Verkündigung ohne Worte.

Die Arbeit mit Menschen anderer Kulturkreise kann mit dem Bau eines Hauses verglichen werden. Alle Arbeiten, die in den Kapiteln 1 bis 5 beschrieben wurden, entsprächen in diesem Bild den Vorbereitungen, der Planung, der Ebnung des Baulandes etc. Der erste Schritt des Zyklusses entspricht in diesem Bild dem Bau des Fundamentes. Obwohl das Fundament nie ein Ziel in sich ist, könnte kein Haus ohne Fundament jemals dauerhaft sein.

Exkurs: Kurze Einführung in Kontextualisierung

Kontextualisierung ist die Übersetzung des unveränderlichen Inhalts des Evangeliums in verbale Formen, die für die Menschen in ihrer jeweiligen Kultur und in ihrer jeweiligen einzigartigen Situation bedeutungsvoll sind.

Biblische Vorbilder für Kontextualisierung

> *Das Beispiel Jesu*

Jesus wurde vom Vater mit einem spezifischen Mandat in die Welt gesandt. Dieses Mandat lautete „zu suchen und zu retten, was verloren ist" (Lk. 19:10). Philipper 2 zeigt uns, welche Methode Jesus anwandte, um seinen Auftrag zu erfüllen: Auf der einen Seite war Jesus „in Gestalt Gottes" und hielt es „nicht für einen Raub, Gott gleich zu sein" (Phil. 2:6). Auf der anderen Seite aber machte er sich selbst „zu nichts, und nahm Knechtsgestalt an, indem er den Menschen gleich geworden ist, und der Gestalt nach wie ein Mensch befunden, erniedrigte er sich selbst und wurde gehorsam bis zum Tod, ja, zum Tod am Kreuz" (Phil. 2:7-8).

Das ist Kontextualisierung perfekt vorgelebt von Jesus Christus. Er blieb nicht im Himmel, um uns von dort aus die Liebe Gottes zuzupredigen. Nein, Jesus wurde wie ein normales jüdisches Kind geboren und erzogen. Er wurde seinem Äußeren nach wie ein normaler jüdischer Bürger im Palästina des 1. Jahrhunderts. In seinem Lebensstil unterschied er sich in nichts von seinen Mitmenschen: Er sprach, kleidete sich, aß, trank, verhielt sich und arbeitete wie die anderen. Er lebte, litt, und starb als Mensch. Seinem Inneren nach aber unterschied er sich grundlegend von seinen Mitmenschen: Er war der Sohn Gottes, ohne Fehler, ohne Sünde, in ständiger Gemeinschaft mit dem Vater.

Seine Kontextualisierung war so vollkommen vorgelebt, dass seine Feinde ihn nicht von den anderen Menschen unterscheiden konnten: Um ihn zu ergreifen, brauchte es den verräterischen Kuss von Judas Iskariot, einem seiner nächsten Jünger (vgl. Lk. 22:47-48).

➤ *Das Beispiel des Paulus*

Die klassische Stelle von 1. Korinther 9:19-23 zeigt auf anschauliche Weise nicht nur verschiedene Arten, sondern auch Ziel und Grund aller biblischen Kontextualisierung:

- Eigentliche Stellung des Paulus: Er ist allen gegenüber frei (V. 19a)

- Die spezifischen kontextualisierten Rollen des Paulus (V. 23)
    - Er machte sich allen zum Sklaven (V. 19b)
    - Er wurde den Juden ein Jude (V. 20)
    - Er wurde den Proselyten ein Proselyt (V. 20, „unter dem Gesetz")
    - Er wurde den Heiden ein Heide (V. 21, „ohne Gesetz")
    - Er wurde den Schwachen ein Schwacher (V. 22a)
    - Er ist allen alles geworden (V. 22b)

- Das Ziel jeder Kontextualisierung: „... damit ich auf alle Weise einige errette" (V 22c); dieses Wort wird in dieser kurzen Stelle nicht weniger als fünfmal gebraucht

- Der Grund biblischer Kontextualisierung: „Ich tue aber alles um des Evangeliums willen" (V 23) – es geht nicht um Theorien und Methoden, sondern um das Evangelium!

Zusammenfassend können wir festhalten, dass sowohl Jesus wie Paulus einen inkarnierten Lebensstil ausübten mit dem einen Ziel, das göttliche Mandat für ihr Leben zu erfüllen und Menschen zu segnen.

Das biblische Mandat zur Kontextualisierung

Wir haben ein biblisches Mandat, diesen Beispielen zu folgen:

> *Da sprach Jesus abermals zu ihnen: Friede sei mit euch! Wie mich der Vater gesandt hat, so sende ich euch.*
> Johannes 20:21

Wir sind genau so in die Welt gesandt, wie der Vater Jesus gesandt hatte. Die Schrift ermahnt uns, Jesus als unser Vorbild nachzuahmen, indem sie sagt: „Habt diese Gesinnung in euch, die auch in Christus Jesus war" (Phil. 2:5). Diese Haltung göttlicher Agape und echter Demut ist für einen Botschafter des Evangeliums unabdinglich. Wir sollen wie Jesus in unserem Äußeren der Gastkultur angepasst leben, ohne dabei aber ihrer Sünde teilhaftig zu werden.

Paulus ermahnt uns, ihn als Vorbild nachzuahmen, indem er sagt: „Seid meine Nachahmer, wie auch ich Christi Nachahmer bin" (1. Kor. 11:1)!

Die Schrift ermahnt uns, ihrem Vorbild zu folgen. Mit anderen Worten: Wir haben nicht nur eine biblische Grundlage, die Kontextualisierung rechtfertigen würde, sondern auch ein biblisches Mandat zur Kontextualisierung, das heißt zu einem kulturell angepassten Lebensstil und einer kulturell feinfühligen Verkündigung.

Gott und Kulturen

Alle Kulturen der Welt wurden von Gott geschaffen. Sie sind also von ihm gewollt und können ihn darum auch verherrlichen. Eines Tages wird Gott in allen Sprachen und Kulturen dieser Welt angebetet werden (vgl. Offb. 7:9). Leider sind alle Kulturen aber auch von der Sünde berührt und wir finden darum heute auf der ganzen Welt keine vollkommene Kultur mehr.

Es ist nun unsere Aufgabe, die Elemente unserer Kultur, die neutral sind oder der biblischen Lehre widersprechen, vom eigentlichen Kern des Evangeliums zu unterscheiden. Denn diese kulturspezifischen Elemente in unserer Verkündigung könnten für Menschen aus anderen Kulturkreisen zu unüberwindbaren Hindernissen werden, wenn wir sie dazu einladen, Christus nachzufolgen.

Wir sind von Gott dazu beauftragt, andere Menschen in ihren Kulturen und Sprachen dazu einzuladen, Christus nachzufolgen – in diesem Prozess müssen sie aber nicht so werden wie wir. Dies war das große Thema des ersten Apostelkonzils in Apostelgeschichte 15, wo die ersten christlichen Leiter schließlich entschieden, dass Menschen aus nicht-jüdischen Völkern nicht zuerst Juden werden mussten, um Christus nachzufolgen (vgl. Apg. 15).

6.1. Vermeiden Sie unnötige Kulturschocks

Zu oft findet ein Konflikt auf der Ebene der Kulturen statt, noch ehe ein verbaler Austausch geschehen konnte. Wie der Exkurs gezeigt hat, versuchte Paulus alles in seiner Macht stehende, um die Konfrontation der Kulturen zu vermeiden, damit Menschen wirklich seine Verkündigung hören und annehmen konnten. Würde Paulus heute unter Muslimen arbeiten, wie würde er sich verhalten? – Er würde den Muslimen ein Muslime werden und sie dann dazu einladen, in kulturell angepassten Formen Jesus nachzufolgen. Obwohl wir nicht Muslime werden im religiösen Sinn des Wortes (d.h. zum Islam konvertieren), können wir das sehr wohl im kulturellen Bereich tun.

Die meisten Menschen sind kulturell blind, das heißt sie denken, ihre Lebensweise und Weltanschauung seien die besten. Um Menschen eine Gute Nachricht vermitteln zu können, müssen wir diesen kulturellen Stolz ablegen und bereit sein, auch andere kulturelle Formen zu schätzen und stehen zu lassen. Andere Kulturen sind nicht weniger gut oder weniger effektiv – sie sind einfach nur anders!

Nun gibt es aber auch auf der geistlich-religiösen Ebene viele Überzeugungen, Gewohnheiten und Praktiken, die ganz einfach westlich sind, mit der Schrift oder mit dem Evangelium an sich aber nichts zu tun haben. Sie sind zwar vereinbar mit dem Evangelium, nicht aber von ihm geboten. In unserer kulturellen Blindheit stellen wir diese mit den biblischen Geboten und Verboten auf eine Ebene. Und gerade diese sekundären Bereiche schaffen im interkulturellen Austausch häufig Probleme und unnötige Konflikte.

In der Folge einige Bereiche, in denen wir versuchen sollten, den Kulturschock möglichst zu vermeiden:

➤ *Sprechen Sie **ihre** Sprache: Umgangssprache*

Jesus und Paulus hatten dem heutigen Verkündiger gegenüber einen großen Vorteil: Sie lernten die Sprachen ihrer Zuhörer als Kinder. Doch das entschuldigt uns nicht. Ihre Sprache zu sprechen ist von entscheidender Wichtigkeit, wenn wir Herzen berühren wollen. Der Wille, eine neue Sprache zu lernen, ist Ausdruck unserer Liebe und unseres Respekts für die Leute, die wir erreichen wollen.

Die Sprache zu lernen hat viele Vorteile: Je mehr wir ihre Sprache verstehen und sprechen,

- desto weniger kulturellen Stress haben wir im Umgang mit ihnen.

- desto mehr werden sie sich geehrt, geliebt und respektiert fühlen.

- desto mehr offene Türen in ihre Herzen und Gemeinschaften werden wir finden.

- desto leichter wird auch die Botschaft von ihnen angenommen werden. Eine Herzensbotschaft stößt auf mehr Akzeptanz, wenn sie in der Herzenssprache verkündet wird.

Eine Sprache lernen ist nicht eine Frage von Fähigkeit oder Gabe, sondern von Wille und harter Arbeit. Am besten wird eine Sprache im alltäglichen Umgang und Zusammensein mit ihnen gelernt. Auch wenn Sie die Sprache nie ganz korrekt lernen werden, versuchen Sie mindestens, sich einige Grundlagen anzueignen.

➤ *Sprechen Sie ihre Sprache: religiöser Wortschatz*

In Abschnitt 5.4. haben wir die Wichtigkeit der arabischen Sprache behandelt. Die religiösen Schlüsselwörter sind für einen Muslim in andere Sprachen unübersetzbar: Sie müssen in Arabisch ausgesprochen werden, ob das betreffende Individuum diesen Ausdruck versteht oder nicht.

Für den Botschafter bedeutet dies, dass er einen verbalen Kulturschock vermeiden kann, indem er diese arabischen Schlüsselwörter kennt und einsetzt. Der wichtigste dieser Ausdrücke ist „Allah" (Gott). Das grundlegende Glaubensbekenntnis eines jeden Muslims ist „illah illala la..." (es gibt keinen Gott außer Allah).

In vielen christlichen Kreisen hat dies zu heftigen Diskussionen geführt: Ist Allah der Gott der Bibel, oder ist er bloß ein arabischer Götze? Es wird uns helfen, einen kurzen Blick auf die Geschichte und Theologie zu werfen, um diese Frage zu beantworten. Bitte beachten Sie bei dieser Frage, dass:

- Jahrhunderte vor dem Kommen Mohammeds arabische Christen zu Allah beteten, dem Vater Jesu Christi.

- heute Millionen von Christen in Nordafrika, dem Mittleren Osten, ja sogar in Westafrika keinen anderen Ausdruck für Gott kennen als Allah und diesen anbeten als den Schöpfer der Welt und Vater Jesu Christi.

- in vielen Bibelübersetzungen (nicht nur in der arabischen) ist Allah der übliche Gottesname.

- das hebräische „El" und das arabische „Ila" die gleiche Wurzeln haben für etliche biblische Gottesnamen, respektive für den koranischen Gottesnamen. Beide sind semitische Sprachen. „Allah" ist auch für Muslime der Gott, der Himmel und Erde geschaffen hat, der Gott Abrahams, Isaaks und Jakobs.

- das Problem nicht die Terminologie, sondern das Verständnis, der Inhalt dieses Wortes ist. Mit anderen Worten: Das Problem ist nicht, ob Allah Gott ist oder nicht, sondern das Verständnis, das wir von Allah haben. Muslime beten nicht den falschen Gott an, sie haben nur ein unvollkommenes Verständnis von ihm, beispielsweise wissen sie nicht, dass er einen Sohn namens Jesus Christus hat.

- auch unsere Vorfahren von dem Gott, den wir heute anbeten, eine unvollständige Vorstellung hatten. Das war aber für die ersten Botschafter unter ihnen kein Grund, einen neuen Ausdruck für „Gott" einzuführen – vielmehr lehrten sie das biblische Gottesverständnis, unter anderem, dass er einen Sohn hatte, der Jesus hieß. „Gott" war für unsere Vorfahren bloß der „Donnergott". „Theos" (der meistgebrauchte Namen für Gott im griechischen Neuen Testament) war für die Griechen ein Gott unter vielen anderen. Diesen Ausdruck füllten sie aber dann mit biblischen Inhalten.

- *Fazit*: der Ausdruck „Allah" ist nichts anderes als arabisch – er ist nicht muslimisch in sich.

Nebst dem Ausdruck „Allah" gibt es weitere arabische Ausdrücke, die wir im Umgang mit Muslimen einsetzen können mit dem Ziel, unnötige Kulturschocks zu vermeiden.

„christlicher" Ausdruck	Bedeutung für Muslime	Kulturell angepasster Ausdruck
Gott	Der Gott der Christen	**Allah**
Jesus, Sohn Gottes	Der leibliche Sohn Gottes	**Isa al-Masih (Jesus der Messias), Nabi Isa (der Prophet Jesus)**
Christ	Ein Ungläubiger	**Ein Gläubiger, ein Nachfolger Jesu**

„christlicher" Ausdruck	Bedeutung für Muslime	Kulturell angepasster Ausdruck
Kirche	Ein Gebäude	Volk Allahs, die Nachfolger Jesu, der Gebetsort, eine Glaubensgemeinschaft, Jamaat
Evangelium	Ein gefälschtes westliches Buch	Al-Injil
Das Kreuz als Symbol	Schande, Niederlage, christliche Feldzüge	Das Kreuz als Symbol vermeiden

Tabelle 6: Kulturell angepasstes Vokabular

Erinnern Sie sich an das grundlegende Prinzip der Kontextualisierung? – Verbale Formen zu gebrauchen, die für die zu erreichenden Menschen verständlich und bedeutungsvoll sind. Unsere gewohnten Ausdrücke und Formen sind also nicht an sich falsch. Um aber möglichst viele Barrieren aus dem Weg zu räumen, ist es wichtig, beim interkulturellen Kontakt in ihrer gewohnten Sprache, mit ihren gewohnten Ausdrücken und in ihren gewohnten Formen zu arbeiten.

➤ *Achten Sie auf eine respektable Kleidung*

Für viele Muslime ist ein Schock zu sehen, wie so genannte „Christen" aus dem Westen, insbesondere Frauen, sich kleiden.

Gemäß dem Koran müssen muslimische Frauen sich zu ihrem eigenen Schutz, aber auch um Männer nicht in Versuchung zu bringen, respektabel und eher konservativ kleiden. In ihrem Kontext heißt dies, Haare, Schultern und Knie zu bedecken. Die strikteren Sekten verlangen auch, dass das Gesicht bedeckt ist.

Wenn wir, insbesondere weibliche Verkündiger, nicht auf unsere Kleidung achten, können wir als unmoralisch oder freizügig eingestuft werden. Das wird muslimische Vorurteile nur bestätigen (siehe Abschnitt 5.5.) und eine effektive Verkündigung des Evangeliums erschweren, wenn nicht verunmöglichen.

Frauen, die in fremden Ländern mit Muslimen arbeiten, sollten sich so kleiden, wie das eine respektierte Frau in jener Gesellschaft auch tun würde. In vielen Fällen heißt das, lange Röcke und ein Kopftuch zu tragen. Frauen in westlichen

Ländern, die mit Muslimen Kontakt suchen, sollten alle sexistisch-freizügige Kleidung vermeiden.

> Wie gewöhnlich zog ich die lokalen Kleider an und begab mich auf die Strasse, um neue Kontakte zu knüpfen. Betend lief ich umher, bis ich zu einem kleinen Geschäft kam. Dort fand ich einen Mann, den ich freundlich in seiner Muttersprache begrüßte und fragte, ob er nicht ein Buch in seiner Sprache lesen möchte. Das Buch sprach darüber, wie Muslime Jesus begegnen können. Dieser Muslim war voll von Talismanen, um sich vor bösen Geistern und Angriffen auf sein Geschäft zu schützen. Er war sehr erstaunt, dass ich fließend seine Sprache konnte und zudem ihre traditionellen Kleider trug. Er sagte zu mir: „Ich weiß zwar nicht, was in dem Buch steht, aber weil du unsere Kleider trägst und unsere Sprache sprichst, werde ich das Buch lesen." Zirka sechs Wochen später besuchte ich den Mann erneut. Zu meinem Erstaunen fand ich ihn ganz ohne jegliche Talismane vor. Ich fragte ihn, was mit ihm geschehen sei. Er antwortete mir: „Das Buch, das du mir gegeben hast, hat mein Leben verändert, ich folge von nun an Jesus nach." Der Schlüssel für die Offenheit dieses Mannes war die Sprache und die Kleidung.

> *Achten Sie auf ein respektables soziales Verhalten*

Einige Ratschläge:

- Respektieren Sie die muslimische Geschlechtertrennung: Versuchen Sie als Mann nicht, einen engen Kontakt zu Frauen herzustellen und umgekehrt. Schauen Sie einer Frau nicht in die Augen. In gewissen Kontexten ist es nicht einmal ratsam, als Mann eine Frau zu grüßen.

- Vermeiden Sie den Gebrauch der linken Hand (essen, geben oder empfangen von Dingen etc.).

- Zeigen Sie nicht mit den Sohlen ihrer Schuhe in Richtung anderer Menschen.

- Ziehen Sie Ihre Schuhe aus, wenn Sie Muslime bei ihnen zu Hause oder eine Moschee besuchen.

- Seien Sie sich bewusst, dass viele Muslime vor dem „bösen Blick" Angst haben und vermeiden Sie darum überschwänglich positive Kommentare über kleine Kinder, ein schönes Haus und so weiter.

- Respektieren Sie die soziale Struktur der muslimischen Gesellschaft, in der ältere Menschen, Eltern und Onkel viel mehr Gewicht haben als in westlichen Kulturen. Versuchen Sie unbedingt, in Ihrer Arbeit das soziale Gefüge nicht aus dem Gleichgewicht zu bringen und Eltern und Älteren den nötigen Respekt zu bringen. Für Mitarbeiter, die in fremden Ländern arbeiten, gilt auch die Wichtigkeit zu betonen, lokalen Behörden wie traditionellen Häuptlingen oder religiösen Lehrern (Scheichs, Imame, Marabouts) den nötigen Respekt zu zeigen.

> *Beachten Sie ihre lokalen Bräuche und kulturellen Praktiken*

Die meisten lokalen Bräuche und kulturellen Praktiken stellen für den Botschafter kein Problem dar. Er kann sie beobachten, erfragen, evaluieren und selber praktizieren. Nur wo lokales Brauchtum eindeutig im Widerspruch steht mit dem geschriebenen Wort Gottes muss er sich bewusst distanzieren. Dies kann beispielsweise bei okkulten Praktiken der Fall sein (Amulette, Rezitieren von magischen Formeln etc.).

Wichtig kann insbesondere sein, im interkulturellen Kontakt mit Muslimen unsere Ess- und Trinkgewohnheiten anzupassen: Einerseits bedeutet das, nicht unnötige Barrieren zu errichten, indem wir Dinge essen und trinken, die für sie „haram" sind (vgl. Abschnitt 5.4.). Andererseits bedeutet es aber auch, dem Rat Jesu zu folgen (Lk. 10:8) und alles zu essen, was man uns anbietet – auch wenn es für uns ungewohnt sein sollte.

> *Laden Sie Muslime nicht zu einem christlichen Gottesdienst ein*

Diese Aussage mag Sie überraschen. Wir wollen doch Menschen aus allen Völkern und Kulturkreisen an unserem Segen teilhaben lassen. Doch vielleicht ist die Teilnahme an einem formellen Sonntagmorgengottesdienst für den Muslim keine Gute Nachricht, weil ihm zu viele Dinge fremd, ja unannehmbar wären? Die Art, wie wir Gott anbeten (Musikinstrumente), die Art, wie wir unsere Gemeindelokale eingerichtet haben (Möbel, Bilder), die Art, wie Männer und Frauen frei miteinander in Gottes Haus umgehen (keine Trennung), die Art der Bekleidung im Haus Gottes (freizügig), die Art, wie das Heilige Buch Gottes behandelt wird (nicht in Ehren gehalten, kann auf dem Boden herumliegen, inmitten oder sogar unter anderen Büchern liegen, Verse können in allen Farben unterstrichen sein etc.) sind alles Faktoren, die ihn in seinen Vorurteilen bestätigen werden.

Wir werden im weiteren Verlauf des Buches bessere Strategien kennen lernen, um Muslime zu segnen.

Abschließend zu diesem Abschnitt müssen wir festhalten, dass die Hauptschwierigkeit in unserem Kontakt mit Muslimen nicht theologischer Natur ist, sondern sich auf der kulturellen Ebene abspielt. Auf dieser Ebene geschehen die meisten Konflikte und Verletzungen. Auf dieser Ebene haben wir auch am meisten versagt. Schade ist, wenn Muslime den Segen in Jesus Christus nicht annehmen können wegen der kulturellen Blindheit und Arroganz der Botschafter. Hier müssen wir ansetzen. Hier können wir uns verbessern, um alle menschlichen Barrieren aus dem Weg zu räumen, die Muslime daran hindern, die Einladung Jesu anzunehmen.

Wenn wir kulturell angepasst und feinfühlig sind, werden Muslime uns respektieren. Das ist der erste Schritt zur Verkündigung. Man kann nicht jemandem zuhören, den man nicht respektiert. Darum ist kulturelle Anpassung zwar nicht unser wichtigstes Mandat, aber doch ein erster wesentlicher Schritt auf dem Weg zur Erfüllung unseres Auftrags.

6.2. Seien Sie gastfreundlich und nehmen Sie ihre Gastfreundschaft an

In den meisten Kulturen gehen gute Beziehungen und Freundschaften über den Magen. Ein gemeinsames Essen kann sogar das Siegel eines Vertrags oder eines Abkommens sein. Das Ausüben von Gastfreundschaft, das gemeinsame Essen und Trinken und das gesellige Beisammensein im Kreise der Familie sind darum für unsere Arbeit von großer Wichtigkeit.

Die Wichtigkeit von Gastfreundschaft hatten bereits Jesus und die ersten Jünger erkannt. So verbrachte Jesus viel Zeit in den Häusern: Er aß und trank bei Pharisäern, Zöllnern, Freunden. Er empfing auch Menschen bei sich zu Hause (zum Beispiel Nikodemus in Joh. 3:2). Das gemeinsame Essen und Trinken mit Menschen aller möglichen Schattierungen war ein wichtiger Bestandteil im Leben Jesu.

Aufgrund seines Vorbildes gab er seinen Jüngern diese Empfehlung:

Und wenn ihr in eine Stadt kommt, und sie euch aufnehmen, dann esst, was euch vorgesetzt wird.
Lukas 10:8

Wichtig ist also nicht nur, Menschen aus anderen Kulturkreisen zu uns einzuladen, sondern auch, ihre Gastfreundschaft anzunehmen. Wer nicht bereit ist, Nahrung anderer Kulturen zu sich zu nehmen, vermittelt eine Botschaft der Ablehnung. Die Esskultur ist ein wichtiger Bestandteil jeder Gesellschaft. Wer darum das Essen einer anderen Kultur ablehnt, hat zugleich auch die Menschen jener Gesellschaft abgelehnt.

Die Bibel ermahnt uns zur Gastfreundschaft (Röm. 12:13b). Gastfreundschaft ist aber auch, wie wir bereits gesehen haben, in der muslimischen Kultur von großer Wichtigkeit. Sie muss darum zu einem wichtigen Pfeiler unserer Arbeit werden.

Für Mitarbeiter in fremden Ländern ist es wichtig, herauszufinden, wie genau Gastfreundschaft in jenen Kulturen gelebt wird, wie die Essensprozeduren sind, was Leute mögen und was sie nicht mögen. Gastfreundschaft in gewissen Ländern kann auch bedeuten, ein paar Tage bei einem Bekannten im Dorf zu übernachten oder Leute aus dem Dorf bei sich willkommen zu heißen. Vertiefte Beziehungen werden daraus resultieren.

Darf ein Nachfolger Jesu Fleisch essen, das im Namen Allahs geschlachtet wurde? – In islamischen Gebieten wird bei jeder Schlachtung der Name Allahs angerufen.

Lesen wir, was Paulus zu diesem Thema sagt:

Sie gebieten, nicht zu heiraten und Speisen zu meiden, die Gott geschaffen hat, dass sie mit Danksagung empfangen werden von den Gläubigen und denen, die die Wahrheit erkennen. Denn alles, was Gott geschaffen hat, ist gut, und nichts ist verwerflich, was mit Danksagung empfangen wird; denn es wird geheiligt durch das Wort Gottes und Gebet.
1. Timotheus 4:3-5

Der Fastenmonat Ramadan hatte begonnen. Meine Frau bereitete jeden Abend Datteln und eine gesüßte Joghurt-Milch vor. Nach dem Fastenbrechen wird Tee getrunken und geplaudert. Schließlich folgt um zirka 21 Uhr das große Abendessen. Während diesem Fastenmonat hatten wir im Durchschnitt pro Tag drei Personen in unserem Haus, welche bei uns entweder das Fasten brachen oder Tee tranken und zu Abend aßen. Dies öffnete uns Türen, um mit Dutzenden von Menschen in Kontakt zu kommen. Am Ende des Ramadans wurden wir dann von den gewonnenen Freunden zum großen Fest eingeladen. Einige dieser Kontakte führten danach zu tieferen Freundschaften, wovon einige auch die große Einladung Jesu annahmen. Tee trinken, Zeit verbringen und dann auch mit ihnen zusammen Feste feiern sind Wege, um Freundschaften zu schließen und die Botschaft Jesu weiterzugeben.

6.3. Investieren Sie viel Zeit in Beziehungen

Abschnitt 6.2. wird mehr oder wenig automatisch zu diesem Resultat führen. Da es aber so entscheidend wichtig ist, wollen wir es noch einmal unterstreichen: Wenn wir nicht viel Zeit mit ihnen verbringen, ist es unmöglich, ihre Sprache und Kultur zu lernen, sie zu verstehen, mit ihnen gute Beziehungen aufzubauen und... ihnen zu einem Segen zu werden.

Je mehr Zeit wir mit ihnen verbringen, desto besser werden wir sie kennen und lieben lernen, desto mehr werden wir auch ihre Ängste, Sorgen und Probleme verstehen und darum fähig sein, ihnen eine wirklich Gute Nachricht zu vermitteln. Wenn wir oft und gerne mit ihnen zusammen sind, wird auch die Verkündigung unserer Botschaft leichter fallen. Mehr oder weniger natürlich werden wir bei unserem geselligen Zusammensein auf geistliche Themen zu sprechen kommen, und dort können und dürfen wir bewusst evangelistische Bemerkungen einbringen.

Ein Sprichwort im Norden Nigerias lautet: „Freundschaft hängt von den Füßen ab." Mit anderen Worten: Wenn ich jemanden wirklich als meinen Freund betrachte, werde ich mir die Mühe machen, ihn zu besuchen. Wen ich nie besuche, ist für mich nicht wichtig.

Besonders wichtig sind Besuche natürlich, wenn unsere Kontakte sich in besonderen Situationen befinden, beispielsweise wenn sie krank sind, einen Todesfall in der Familie hatten, eben ein Kind geboren wurde oder jemand von einer längeren Reise zurückgekommen ist. Wie wichtig Besuche in der islamischen Kultur sind, zeigt auch das Beispiel eines Volkes im nördlichen Afrika: Jemanden nicht zu besuchen, der krank ist, bedeutet dort, seinen Tod zu wünschen.

6.4. Integrieren Sie sich in ihre Gesellschaft

Integration hat verschiedene Ebenen. Immigranten, die in unsere Länder kommen, sollten sich in unsere Gesellschaft zu integrieren versuchen, indem sie unsere Sprache lernen und unsere Gesetze einhalten.

Nun, ob sie dies tun oder nicht, sei dahingestellt. Wenn wir ihnen zu einem Segen werden wollen, sollten wir so weit wie möglich ein Teil von ihnen werden, mit anderen Worten: uns in ihre Gesellschaft integrieren.

Paulus integrierte sich in die Gesellschaften und Familien, die er zu erreichen versuchte. Er lebte in den Familien, aß und trank mit ihnen, arbeitete mit den Menschen, verbrachte Zeit auf den Marktplätzen – er wurde einer von ihnen:

> *Und eine gottesfürchtige Frau mit Namen Lydia, eine Purpurhändlerin aus der Stadt Thyatira, hörte zu; der tat der Herr das Herz auf, so dass sie darauf achthatte, was von Paulus geredet wurde. Als sie aber mit ihrem Hause getauft war, bat sie uns und sprach: Wenn ihr anerkennt, dass ich an den Herrn glaube, so kommt in mein Haus und bleibt da. Und sie nötigte uns.*
> Apostelgeschichte 16:14-15

Und er fand einen Juden namens Aquila, aus Pontus gebürtig, der kürzlich aus Italien gekommen war, und Priszilla, seine Frau, weil Klaudius befohlen hatte, dass alle Juden sich aus Rom entfernen sollten. Er ging zu ihnen, und weil er gleichen Handwerks war, blieb er bei ihnen und arbeitete; denn sie waren Zeltmacher ihres Handwerks.
Apostelgeschichte 18:2-3 (Revidierte Elberfelder-Übersetzung)

Die natürliche Folge davon waren tiefe Beziehungen, eine innere Verbindung zu diesen Menschen:

So hatten wir Herzenslust an euch und waren bereit, euch nicht allein am Evangelium Gottes teilzugeben, sondern auch an unserem Leben; denn wir hatten euch lieb gewonnen. Ihr erinnert auch doch, liebe Brüder, an unsre Arbeit und unsre Mühe; Tag und Nacht arbeiteten wir, um niemand unter euch zur Last zu fallen, und predigten unter euch das Evangelium Gottes.
1. Thessalonicher 2:8-9

Es ist schwierig, eine neue Botschaft von einem völlig fremden Menschen anzunehmen. Ein näherer Blick auf die Geschichte zeigt, dass das Evangelium sich in den meisten Fällen durch natürliche Familien-, Verwandtschafts- und Freundschaftsbeziehungen ausgebreitet hat. Sie werden eher auf offene Herzen und Türen stoßen, wenn Sie die Gute Nachricht von innen her vermitteln.

Hier ein paar Tipps, wie Sie sich in ihre Gesellschaft integrieren können:

➤ Vermeiden Sie unnötige Kulturschocks.

➤ Seien Sie gastfreundlich und nehmen Sie ihre Gastfreundschaft an.

➤ Investieren Sie viel Zeit in Beziehungen.

➤ Seien Sie ein Vorbild: Seien Sie liebenswürdig, hilfsbereit, lächelnd.

➤ Nehmen Sie am normalen sozialen Leben der Gesellschaft teil.

➤ Stehen Sie Ihren Freunden bei, wenn Sie in besonders schwierigen Lebenssituationen stehen.

Halten Sie sich dieses wichtige Prinzip stets vor Augen: Wenn die Gruppe Sie als Botschafter verwirft, wird sie wahrscheinlich auch Ihre Botschaft verwerfen – akzeptiert die Gruppe Sie als Botschafter, hat sie auch den ersten Schritt in Richtung Annahme Ihrer Botschaft getan.

6.5. Stehen Sie mit beiden Beinen im wirklichen Leben

Jemand, der voll- oder teilzeitlich einem normalen Beruf nachgeht, hat in den meisten Fällen einen besseren Zugang zu dem Evangelium fremden Menschen als ein vollzeitlicher Pastor. Hier einige der wichtigsten Vorteile von Berufsleuten:

> ➤ *Berufsleute sind in den Augen der lokalen Bevölkerung glaubwürdiger und besser akzeptiert.*

Paulus sagt deutlich, dass er in seinem Beruf arbeitete, um kein Hindernis in den Weg des Evangeliums zu legen:

> *Wenn andere an dem Verfügungsrecht über euch Anteil haben, nicht erst recht wir? Wir haben aber von diesem Recht keinen Gebrauch gemacht, sondern wir ertragen alles, damit wir dem Evangelium Christi kein Hindernis bereiten.*
> 1. Korinther 9:12

Paulus verzichtet auf finanzielle Unterstützung nicht aus theologischen („... nicht erst recht wir?" Die Antwort auf diese rhetorische Frage wäre: „Natürlich, vor allen anderen wären wir dran!"), sondern aus strategischen Gründen: Er will dem Evangelium kein Hindernis bereiten, er will glaubwürdig erscheinen.

Wenn aber dem Botschafter eine grundsätzliche Glaubwürdigkeit fehlt, wird es so gut wie unmöglich sein, die Botschaft glaubwürdig zu vermitteln. Denn bevor eine einheimische Bevölkerung eine neue Botschaft annimmt, nimmt sie den Botschafter an.

> ➤ *Berufsleute identifizieren sich leichter mit der lokalen Bevölkerung*

Paulus war ein hochqualifizierter Theologe und konnte sich dadurch problemlos mit den jüdischen Gelehrten in den Synagogen oder mit den griechischen Philosophen identifizieren. Doch wie sollte er die Massen erreichen? Indem er lebte und arbeitete wie sie, indem er sich auf ihre Stufe begab, indem er sich mit ihnen identifizierte (dem Beispiel Jesu folgend in Phil. 2:5-11).

Er konnte sagen:

> *... und mühen uns ab und arbeiten mit unseren eigenen Händen.*
> 1. Korinther 4:12a

Weil er sich abmühte wie sie und mit seinen eigenen Händen arbeitete wie sie, war er von ihnen respektiert und konnte somit die Massen erreichen.

➤ *Berufsleute verkünden das Evangelium auch durch geisterfüllte säkulare Arbeit*

Berufsleute verkünden das Evangelium nicht nur im Wort, sondern auch in der Tat. Sie stehen mitten im Leben; durch einen authentischen christlichen Lebensstil demonstrieren sie in wortloser Predigt, dass das Evangelium auch in der „rauen Welt", im Sturm des täglichen Lebens, trägt.

Durch ihr Verhalten im täglichen Leben sind sie Gute Nachricht, beispielsweise:

- ein Geschäftsmann, der ohne Korruption handelt, gerechte Preise macht, die Wahrheit sagt und großzügig ist.

- ein Lehrer, der mit Begeisterung und Einsatz unterrichtet und gerechte Noten macht.

- ein Landwirt, der seine Arbeit mit Gebet und Vertrauen auf den Schöpfer verrichtet.

- eine Krankenschwester oder ein Arzt, der die Kranken mit Liebe und echtem Erbarmen pflegt und seine Pflege in Gebet um Heilung einhüllt.

Das geisterfüllte Verrichten der säkularen Arbeit ist eine wortlose Verkündigung, die den Weg bahnt für die verbale Verkündigung.

➤ *Berufsleute sind zumindest teilweise finanziell selbsttragend*

Die meisten Gemeinden haben kein Budget, um Immigranten zu erreichen. Gemeinden im Globalen Süden haben meist kein Budget, um vollzeitliche Mitarbeiter in neue Gebiete zu senden. Da Berufsleute finanziell selbsttragend sind, sind sie auch in Zeiten wirtschaftlicher Krisen oder finanzieller Engpässe resistenter. Wenn sie keine oder weniger Finanzen erhalten, müssen sie ihre Arbeit nicht abbrechen, da sie ihren Lebensunterhalt selbst verdienen.

➤ *Berufsleute haben durch ihre säkularen Aktivitäten eine natürliche Brücke zur lokalen Bevölkerung*

Der vollzeitliche Mitarbeiter muss sich in vielen Fällen erst das Recht verdienen, Zugang zu der lokalen Bevölkerung zu haben. Er muss den Kontakt zur Bevölkerung suchen. Er beginnt vielleicht einen Besuchsdienst, um Leute kennen zu lernen. In den Augen der lokalen Bevölkerung wirkt dies unnatürlich und künstlich und macht ihn zum Außenseiter der Gesellschaft.

Berufsleute hingegen leben mitten in der Gesellschaft. Durch ihre säkulare Arbeit sind sie in natürlichem Kontakt mit Dutzenden, wenn nicht mit Hunderten von Leuten, und durch diese natürlichen Beziehungen schlagen sie auch Brücken zu weiteren Mitgliedern ihrer Großfamilien. In den Augen der Bevölkerung sind sie normal und darum auch nicht suspekt.

Die natürlichen Brücken zur lokalen Bevölkerung erlauben Berufsleuten auch, das Evangelium auf natürliche Art zu vermitteln, und – dies ist im Blick auf die Gründung von Hausgemeinschaften sehr wichtig – ganze Haushalte und erweiterte Familien mit dem Evangelium zu berühren.

> Ein berufstätiger Mitarbeiter, der als Gärtner in einem Dorf in Afrika arbeitete, sagte mir: „Die besten Gelegenheiten, die Gute Nachricht zu verkünden, bieten sich mir im Garten, wenn ich mich nach getaner Arbeit mit den anderen Gärtnern des Dorfes unter einem Mangobaum ausruhe." Dieser Mitarbeiter arbeitete und schwitzte mit den anderen Familienvätern in seinem Garten, um seine Familie zu ernähren. Und wenn sich alle Gärtner gemeinsam unter einem Mangobaum ausruhten, konnte er als einer von ihnen die Gute Nachricht verkünden. Die landwirtschaftliche Arbeit war die Brücke, durch die er auf ganz natürliche Art und Weise zu einem Segen für das Dorf wurde. Ein anderer berufstätiger Mitarbeiter arbeitete als Landwirt in einem kleinen Dorf. Auf eigene Initiative führte er mehrere neue Anbaumethoden ein, die er alle zuerst auf seinem eigenen Feld ausprobierte. Da er so hart arbeitete, hatte er eine größere Ernte als alle anderen Landwirte des Dorfes. Eines Tages sagte der Dorfchef zu mir: „Wenn dieser Mann noch lange in unserem Dorf bleibt, werden wir nie mehr Hunger haben." Auf der Grundlage dieses guten beruflichen Zeugnisses war er in diesem Dorf sehr willkommen und ihm wurde erlaubt, sogar in der Öffentlichkeit die Gute Nachricht zu verkünden. Ich arbeitete selber über Jahre als berufstätiger Mitarbeiter und erlebte dadurch regelmäßig eine Offenheit und einen natürlichen Kontakt, die sonst nicht möglich gewesen wären.

➤ *Berufsleute leben neuen Gläubigen einen biblischen Lebensstil vor*

Paulus demonstrierte einen biblischen Lebensstil, weil niemand in der ganzen Region je einen authentischen Nachfolger Jesu gesehen hatte. Er lebte ein heiliges Leben in der gleichen unmoralischen, götzendienerischen und korrupten Gesellschaft, in der er von den Neugläubigen auch ein heiliges Leben erwartete. Paulus lebte auch eine biblische Arbeitsethik in dieser Kultur vor, wo Unehrlichkeit und Diebstahl die Norm waren. Paulus sagt in seinen kurzen Briefen viel über Arbeit, da es ohne gesunde Arbeitsethik nie geheiligte Nachfolger Jesu, gesunde Familien oder selbstständige Glaubensgemeinschaften geben würde.

Neugläubige müssen in ihrem jeweiligen, ihnen unter Umständen feindlich eingestellten, Umfeld ohne finanzielle Unterstützung von außen zurecht kommen. Ein vollzeitlicher Mitarbeiter kann diesbezüglich keine Vorbildwirkung auf sie haben.

> *Berufsleute leben zukünftigen Gemeindeleitern Finanzierungs- und Dienstmodelle vor*

Hausgemeinschaften werden typischerweise von Familienvätern geleitet, die einer säkularen Beschäftigung nachgehen, um ihre Familie zu ernähren und zugleich in ihrem Haus einer Gemeinde Gastfreundschaft bieten.

Solch kleine Hausgemeinden oder Hauszellen haben nicht die finanziellen Mittel, um einen vollzeitlichen Pastor anzustellen. Wenn sie vom Mitarbeiter das Zeltmachermodell demonstriert bekommen haben, wird es ihren Leitern normal scheinen, ebenfalls als Zeltmacher ihren Hausgemeinden vorzustehen.

Erst wenn ein Netzwerk von mehreren Hausgemeinden entstanden ist, mag auch die Notwendigkeit eines vollzeitlichen Hirten entstehen – zu dem Zeitpunkt wird aber das Netzwerk finanziell auch genug stark sein, um einen solchen Mitarbeiter aus eigenen Kräften zu finanzieren.

> *Berufsleute können beliebig multipliziert werden*

Wenn wir alle Völker in unserer Generation segnen wollen, und dabei nur auf vollzeitliche und an theologischen Ausbildungsstätten geschulte Arbeiter zählen, werden wir das Ziel nie erreichen.

Nicht jeder Nachfolger Jesu ist berufen, an einer Bibelschule Theologie zu studieren – aber jeder Nachfolger Jesu ist dazu berufen, in und durch seinen Beruf das Evangelium zu verkünden. Jeder Nachfolger Jesu übt eine berufliche Aktivität aus und kann diese unter der Leitung des Heiligen Geistes auch in einem neuen Gebiet ausüben – aber nicht jeder Christ hat eine theologische Ausbildung, die ihn zu einer vollzeitlichen Mitarbeit qualifizieren würde.

> *Berufsleute haben Zugang zu so genannt „verschlossenen Ländern"*

Viele Länder erteilen keine Visa für vollzeitliche christliche Mitarbeiter. Mit anderen Worten: Vollzeitliche christliche Mitarbeiter haben zu vielen Gebieten und Menschen keinen Zugang, weil die jeweilige Regierung ihnen keine Aufenthalts- und Arbeitsbewilligung erteilt. Berufsleute jedoch können über ihre berufliche Qualifikation die nötigen Bewilligungen erhalten und dadurch auch in so genannt

„verschlossenen Ländern" die Gute Nachricht verkünden. Ohne die Zeltmacherstrategie ist es schlicht unmöglich, alle Völker zu segnen – weil nur eine Zeltmacheraktivität den Zugang zu vielen dieser Völker überhaupt erst möglich macht.

➤ Berufsleute arbeiten auch vollzeitlich

Berufsleute üben einen vollzeitlichen Dienst innerhalb einer vollzeitlichen Beschäftigung aus. Ihre berufliche Arbeit ist der gottgegebene Kontext, in dem sie das Evangelium vollzeitlich ausleben. Mit anderen Worten: Da Berufsleute vollzeitlich unter den Menschen leben, können sie vollzeitlich Gute Nachricht vermitteln – durch Wort und durch Tat.

Paulus betonte die Wichtigkeit der „Arbeitsplatz-Evangelisation": Er lebte und lehrte Arbeitsplatz-Evangelisation, weil die meisten Menschen den Großteil ihrer Zeit am Arbeitsplatz verbringen. Auch war die Verkündigung am Marktplatz der beste Weg, um die ganze Gesellschaft zu berühren, weil sich an diesem Ort Menschen aller Gesellschaftsschichten begegneten.

In seinen Briefen erklärte Paulus den Gläubigen diese Strategie:

> *Wandelt in Weisheit gegenüber denen, die draußen sind, kauft die Zeit aus!*
> *Euer Wort sei allezeit in Gnade, mit Salz gewürzt; ihr sollt wissen, wie ihr*
> *jedem einzelnen antworten sollt.*
> Kolosser 4:5-6

Das griechische Wort für Zeit, das Paulus hier gebrauchte, ist „kairos" – Gottes Zeit, eine spezielle Gelegenheit. Mit anderen Worten: In ihrem täglichen Umgang mit Ungläubigen sollen Berufsleute ihr inneres Ohr auf den Heiligen Geist ausgerichtet halten, damit sie in gottgegebenen Momenten ein liebendes, höfliches („in Gnade") und prägnantes, herausforderndes („mit Salz gewürzt") Wort vermitteln können.

Gemäß dieser Kolosserstelle beinhaltet dieses Konzept vier grundlegende Elemente (vgl. auch Eph. 6:5-8 und Kol. 3:22-24):

- persönliche Integrität („wandelt in Weisheit")

- qualitativ hochstehende Arbeit bei ganzem Einsatz („kaufet die Zeit aus")

- liebevolle, gütige Beziehungen („in Gnade")

- kurze, passende, evangelistische Aussagen im rechten Moment („mit Salz gewürzt")

Die Lehre über die Verkündigung der Guten Nachricht hat im Neuen Testament viel weniger mit Techniken als mit Lebensstil zu tun. Unser ganzes Leben ist Anbetung und unser ganzes Leben ist eine Botschaft. Berufsleute gehen nicht hinaus um eine Botschaft zu vermitteln – sie als Person sind Gute Nachricht und ein ständiges Parfum, das den Wohlgeruch Christi um sich verbreitet.

➤ *Berufsleute können außerordentlich effizient sein.*

Die Frage stellt sich, ob Berufsleute ebenso wirksam sein können wie vollzeitliche Mitarbeiter. Lassen wir wiederum Paulus sprechen, der nach gut 20-jähriger Aktivität als Zeltmacher den Römern folgendes schrieb:

> *... so dass ich von Jerusalem und ringsumher bis nach Illyrien das Evangelium des Christus völlig verkündigt habe... Nun aber, da ich in diesen Gegenden keinen Raum mehr habe...*
> Römer 15:19b.23a

Mit anderen Worten: Paulus hatte seine Arbeit in sechs römischen Provinzen – im ganzen östlichen, griechisch sprechenden Mittelmeerraum – abgeschlossen und überall einheimische Glaubensgemeinschaften gegründet. Und dies nur mit einer Handvoll auswärtiger Mitarbeiter und mit so gut wie keiner finanziellen Unterstützung von außen.

Seine berufliche Arbeit hinderte Paulus also keinesfalls dabei, als Verkündiger höchst effizient zu sein. Im Gegenteil: Sein Vorbild und außerordentlicher Einsatz spornte Neugläubige und neue Leiter an, ihm zu folgen und die Gute Nachricht, wiederum als Berufsleute, in noch unerreichtes Gebiet zu tragen.

Die nachfolgende Tabelle fasst die zwölf wichtigsten Vorteile für berufstätige Mitarbeiter noch einmal zusammen:

Zwölf Vorteile für berufstätige Mitarbeiter	
Biblische Strategie	Berufstätige Mitarbeiter folgen einem biblischen Modell
Glaubwürdigkeit	Berufsleute sind in den Augen der lokalen Bevölkerung glaubwürdiger und besser akzeptiert
Identifizierung	Berufsleute identifizieren sich leichter mit der lokalen Bevölkerung

Zwölf Vorteile für berufstätige Mitarbeiter	
Ganzheitliche Verkündigung	Berufsleute verkünden das Evangelium auch durch geisterfüllte säkulare Arbeit
Keine finanzielle Abhängigkeit	Berufsleute sind zumindest teilweise finanziell selbsttragend
Natürliche Brücke	Berufsleute haben durch ihre säkulare Aktivitäten eine natürliche Brücke zur lokalen Bevölkerung
Vorbild für Gläubige	Berufsleute leben neuen Gläubigen einen biblischen Lebensstil vor
Vorbild für zukünftige Leiter	Berufsleute leben zukünftigen Gemeindeleitern Finanzierungs- und Dienstmodelle vor
Multiplikation	Berufsleute können beliebig multipliziert werden
Unbegrenzter Zugang	Berufsleute haben Zugang zu so genannt „Verschlossenen Ländern"
Vollzeitlicher Dienst	Berufsleute arbeiten auch vollzeitlich
Hohe Effizienz	Berufsleute können außerordentlich effizient sein

Tabelle 7: Zwölf Vorteile für berufstätige Mitarbeiter

6.6. Seien Sie authentisch und glaubwürdig

Wenn Sie authentisch und transparent Ihren Glauben ausleben, werden zwei sehr wichtige Dinge geschehen:

➤ Gott wird Sie dazu gebrauchen, andere Menschen zu segnen.

➤ Sie werden bei Ihren Mitmenschen Gehör finden.

Wir können unser Leben mit einem Gefäß, mit einem Glas beispielsweise, vergleichen. Wenn man Ihnen aus einem schmutzigen Glas zu trinken anbietet, werden Sie das Angebot annehmen? – Niemand trinkt gerne trübes Wasser, und niemand trinkt gerne aus einem schmutzigen Glas.

Die Bibel sagt uns folgendes:

Wenn nun jemand sich reinigt von solchen Leuten, der wird ein Gefäß sein zu ehrenvollem Gebrauch, geheiligt, für den Hausherrn brauchbar und zu allem guten Werk bereitet.
2. Timotheus 2:21

Gott will Ihren Mitmenschen klares Wasser aus einem sauberen Glas anbieten. Selbst wenn Menschen durstig wären, würden sie wohl trotzdem nicht trübes Wasser aus einem schmutzigen Glas trinken. Selbst wenn Mitmenschen daran interessiert sind, Jesus als ihren Retter kennen zu lernen, können sie uns nicht zuhören und unsere Botschaft nicht annehmen, wenn unsere Leben nicht authentisch und transparent sind. Die Botschaft des Evangeliums ist wie sauberes, kühles Wasser für einen durstigen Menschen – aber wenn wir es nicht „sauber", das heißt authentisch und glaubwürdig präsentieren, wird es ihnen schwer fallen, es zu trinken.

Wir können nicht vollkommen sein. Wir werden versagen, gerade als Berufsleute, im täglichen Leben der Arbeitswelt und des Familienlebens. Wie sollen wir mit unserem Versagen umgehen?

➤ Gott unsere Sünden bekennen.

➤ Menschen, die wir verletzt haben, um Vergebung bitten und wenn nötig und möglich, Wiedergutmachung leisten.

➤ Alles daran setzen, jederzeit ein reines Gewissen vor Gott und den Menschen zu haben, dem Beispiel des Apostels Paulus folgend:

Darin übe ich mich, allezeit ein unverletztes Gewissen zu haben vor Gott und den Menschen.
Apostelgeschichte 24:16

6.7. Setzen Sie Zeichen der Liebe

Denn wir predigen nicht uns selbst, sondern Jesus Christus, dass er der Herr ist, wir aber eure Knechte um Jesu willen.
2. Korinther 4:5

Diese Aussage ist für diese erste Phase unseres Zyklusses sehr wichtig: Wir machen uns zu Dienern unserer Mitmenschen. Wenn Sie anderen Menschen bewusst und absichtlich zu dienen beginnen, werden sie sich fragen, warum Sie dies denn tun. Und gerade diese Frage wird Ihnen erlauben, auf eine nicht aggressive Art Ihre Liebe zu Jesus, in der Ihre Liebe zu den Mitmenschen ja letztendlich wurzelt, zu bezeugen.

In einem afrikanischen Land besuchten Nachfolger Jesu in der Altjahrswoche eine stark islamisierte Stadt. Anstatt die Botschaft mit Worten zu verkünden, beteten sie erstmals während zwei ganzen Tagen. Nach diesen zwei Gebetstagen säuberten sie während zwei Tagen die ganze Stadt – noch nie war die Stadt so sauber wie nach diesen zwei Tagen. Als die Muslime das sahen, waren sie so erstaunt, dass sie anfingen, Fragen zu stellen: „Ihr seid Hunderte von Kilometern gereist, um unsere Stadt auf Vordermann zu bringen? Warum macht Ihr das?" Und diese Frage war die Gelegenheit für die Gläubigen, freudig ihre Botschaft zu vermitteln.

In der Vergangenheit waren Begegnungen zwischen Muslimen und Christen zu häufig von heißen Diskussionen, aggressiven Debatten, und angriffiger Wortwahl geprägt. Dies führt in den meisten Fällen nur in eine Sackgasse und macht uns den Muslimen nicht zum Segen. Diese werden vielleicht unseren Argumenten immer wieder widersprechen – aber sie werden unseren Zeichen der Liebe und unseren Diensterweisen im täglichen Leben ganz bestimmt nichts entgegen zu setzen haben.

Diese Grundhaltung des liebenden Dienstes war auch das Motiv im Leben Jesu. Nachdem er seinen Jüngern die Füße gewaschen hatte, sagte er:

Ein Beispiel habe ich euch gegeben, damit ihr tut, wie ich euch getan habe.
Johannes 13:15

Und Paulus beschreibt in Philipper 2:7, wie Jesus sich freiwillig zum Sklaven aller machte:

Sondern entäußerte sich selbst und nahm Knechtsgestalt an, ward den Menschen gleich und der Erscheinung nach als Mensch bekannt.
Philipper 2:7

Nehmen Sie jede Gelegenheit wahr, um Ihren Mitmenschen kleine Liebesdienste zu erweisen. Ein solcher Lebensstil wird viel lauter sprechen als jede heiße Diskussion und Argumentation. Die Liebe ist für den Christen die höchste Apologetik (Glaubensverteidigung). Letztlich ist Gott selber ein Gott der Liebe, und nur ein liebendes Zeugnis kann ein gottverherrlichendes Zeugnis sein.

Diese Liebe kann sich in den verschiedensten Situationen und Momenten erweisen: Manchmal kann schon ein nettes Lächeln einen Unterschied machen, der Besuch eines kranken, alten Menschen oder ein kurzer Telefonanruf, vielleicht ein kurzer Besuch oder das praktische Mitanpacken, wenn jemand gerade konkrete Hilfe braucht, etwa bei einem Umzug oder nach einem Unfall. Manchmal ist die Liebe zu Kindern ein Schlüssel zu den Herzen der Eltern oder echtes Interesse am Wohlergehen von Nachbarn oder Arbeitskollegen.

Wer ein liebendes Herz hat, wird jeden Tag 1001 Möglichkeiten finden, diese Liebe durch konkrete Taten und Worte auszudrücken.

Kapitel 7

Verkündigung durch Worte

Im vorliegenden Kapitel werden wir uns mit der zweiten Phase unseres Zyklusses beschäftigen: Die Verkündigung durch Worte. Bitte beachten Sie, dass Kapitel 7 auf Kapitel 6 baut. Wenn die Verkündigung ohne Worte nicht authentisch und glaubwürdig ist, wird die Verkündigung durch Worte wahrscheinlich kraft- und wirkungslos bleiben. Unsere Verkündigung durch Worte muss auf unserer Verkündigung ohne Worte aufbauen.

Um auf unser Bild des Baus aus Kapitel 6 zurück zu kommen: Diese zweite Phase entspricht den Mauern. Wenn wir mit dem Bau auf der Ebene des Fundaments aufhören, haben wir nicht viel erreicht. Man baut ein Fundament, um darauf zu bauen. Ebenso ist es jedoch völlig unnütz, Mauern zu bauen ohne vorgängig ein Fundament gelegt zu haben. In unserer Arbeit mit Menschen aus anderen Kulturkreisen müssen wir unbedingt ein gutes Fundament bauen – aber wir dürfen danach nicht aufhören, weiter zu bauen. Mit anderen Worten: Der Moment muss kommen, wo wir auch mit Worten verkündigen und segnen, denn Glaube entsteht letztlich dort, wo Verkündigung war.

Noch eine zweite Vorbemerkung: Bitte vergessen Sie nie, dass Sie mit Menschen zu tun haben. Sie begegnen nicht dem Islam, sondern einem Muslim. Muslime sind letztlich Menschen wie wir, mit Fragen, Problemen, Hoffnungen und Bedürfnissen – und Sie dürfen davon ausgehen, dass Gott etwas in Sie gelegt hat, um sie zu segnen und sie einen Schritt näher zu dem zu bringen, der ihre tiefsten Bedürfnisse zu stillen vermag.

7.1. Wählen Sie einen geeigneten Zeitpunkt und Ort

Jede Gesellschaft und Kultur hat geeignete Orte und Momente für gewisse Dinge. Wenn wir nicht den geeigneten Ort und Moment für ein religiöses Gespräch wählen, wird die Person unsere Botschaft vielleicht nicht wegen der Botschaft, sondern wegen des falschen Zeitpunktes oder Ortes ablehnen.

Diese Orte oder Zeitpunkte unterscheiden sich in den verschiedenen Kulturen. Sie werden darum herausfinden müssen, was in Ihrem Kontext am geeignetsten ist.

Eine nähere Betrachtung des Lebens Jesu zeigt, dass er sehr flexibel war und auf die Bedürfnisse seines Gegenübers einging. Dazu ein paar Beispiele: Jesus empfing Nikodemus nachts bei sich zuhause (Joh. 3). Er sprach alleine mit der Samariterin, mitten am Tag beim Brunnen (Joh. 4). Er war unterwegs auf einem Spaziergang mit den beiden Emmaus-Jüngern am späteren Nachmittag (Lk. 24: 13-15.27). Sie sehen, drei ganz verschiedene Orte, drei ganz verschiedene Tageszeiten, drei ganz verschiedene Menschengruppen – doch immer dasselbe Ziel: diese Menschen dort abzuholen, wo sie waren und sie durch die Verkündigung mit Worten zu segnen.

Jesus wählte also einen passenden Kontext aus, an dem die Menschen bereit und verfügbar waren, ihm zuzuhören. Am einfachsten ist natürlich die Situation der Emmaus-Jünger, die bereits dabei waren, über Jesus zu diskutieren. Hier konnte er sich ganz einfach in das bereits laufende Gespräch einklinken.

Wichtig ist zu erwähnen, dass Ort und Zeitpunkt ihnen entsprechen muss, nicht uns. Viele nicht-westliche Kulturen haben einen uns fremden Tagesablauf und -rhythmus. Sozialer Austausch findet manchmal erst spät abends statt; der Alltag beginnt dann vielleicht am Morgen etwas gemütlicher. Hier gilt es für Mitarbeiter, die im Ausland arbeiten, ein besonderes Maß an Flexibilität an den Tag zu legen, um ihren Tagesrhythmus entsprechend anzupassen.

Ein Beispiel aus dem Leben Jesu:

> *Und er sprach zu ihnen: Geht ihr allein an eine einsame Stätte und ruht ein wenig. Denn es waren viele, die kamen und gingen, und sie hatten nicht Zeit genug zum Essen. Und sie fuhren in einem Boot an eine einsame Stätte für sich allein. Und man sah sie wegfahren, und viele merkten es und liefen aus allen Städten zu Fuß dorthin zusammen und kamen ihnen zuvor. Und Jesus stieg aus und sah die große Menge; und sie jammerten ihn, denn sie waren wie Schafe, die keinen Hirten haben. Und er fing eine lange Predigt an.*
> Markus 6:31-34.

Dieser Moment war für Jesus eigentlich alles andere als passend – er wollte sich doch ausruhen. Die Menge aber wollte ihn hören. Jesus hat dieser Bereitschaft entsprochen und sie unterrichtet, und zwar lange. Er dachte nicht in erster Linie an seine Bedürfnisse, sondern an die Nöte anderer.

Vergessen Sie nicht, dass Menschen nicht immer für Ihre Botschaft offen sind.

Wenn sie heute bereit sind, Ihnen zuzuhören, dann sollten Sie diese Gelegenheit nicht verpassen; denn wer garantiert Ihnen, dass die Menschen Ihnen immer noch zuhören wollen, wenn es Ihnen passt? – Jesus nutzte die Gelegenheiten, die sich ihm boten, wann immer Menschen bereit waren, ihm zuzuhören.

7.2. Schaffen Sie geeignete Rahmenbedingungen

Es ist doch wesentlich einfacher, jemandem zuzuhören, wenn einem wohl ist dabei: in einer entspannten Atmosphäre, ohne Stress, an einem gemütlichen Ort.

Schaffen Sie Rahmenbedingungen, die eine gute Kommunikation erleichtern. Auch hier halten wir wieder fest: Wie diese Rahmenbedingungen genau auszusehen haben, wird vom jeweiligen Kontext bestimmt. Diesen müssen Sie erstmal gründlich erforschen, um anschließend solch eine entspannte Atmosphäre schaffen zu können.

Hier ein Beispiel aus einem eher arabisch-orientalen Umfeld:

➤ Araber lieben Chai (Tee). In vielen arabischen Kulturen ist eine gute Begegnung unter Freunden ohne Begleitung von Tee undenkbar. Auch ein gemeinsames Essen kann viel zu einer gemütlichen Begegnung beitragen.

➤ Araber lieben Beziehungen. Es ist ratsam, mit ihnen eine gute Beziehung aufzubauen und auf natürliche Art die Gute Nachricht einfließen zu lassen.

➤ Araber lieben ihre Familien und Freunde. Im Blick auf die spätere Hausgemeinschaft ist es ideal, wenn die Gute Nachricht von Beginn an im vertrauten Rahmen von Familie und/oder Freunden vermittelt wird. Es ist aber weniger ratsam, dies durch Massenveranstaltungen oder in der Öffentlichkeit zu tun. Eine kleinere, vertraute Gruppe ist dazu geeigneter. Zu Beginn wäre vielleicht sogar ein Gespräch unter vier Augen angebracht.

➤ Araber lieben ihre Ehre. Je nach Situation riskieren sie einiges, wenn sie Ihnen zuhören. Respektieren Sie diese Tatsache. Versichern Sie sich, dass sie wirklich zuhören wollen. Vielleicht müssen Sie einen diskreten Ort suchen, damit sie sich nicht bedroht fühlen. In jedem Fall werden sie ihre Ehre und die Ehre ihres Volkes verteidigen.

Viele muslimische Familienväter können mit Nikodemus verglichen werden. Jesus hat Nikodemus nicht abgelehnt, weil er auf sehr diskrete Weise nachts zu ihm kam. Er sagte ihm nicht: „Wenn Du Fragen hast, kannst Du ja morgen in der

Öffentlichkeit in der Synagoge auf mich zukommen." Jesus wusste, was Nikodemus riskieren würde, wenn er dies von ihm verlangt hätte. Anstatt Nikodemus zu kritisieren, profitierte er von der Gelegenheit und vermittelte ihm eine Gute Nachricht, und dies zu Rahmenbedingungen, zu denen Nikodemus sich wohl fühlte und sich entspannen konnte. Hätte Jesus dieselbe Botschaft an dieselbe Person bei Tag und in der Öffentlichkeit vermitteln wollen, wäre er wahrscheinlich nicht gehört worden.

7.3. Bauen Sie auf der Wahrheit, die sie bereits kennen

In allen Kulturen und Religionen liegen Bruchstücke von Wahrheit verborgen, vielleicht nicht die ganze Wahrheit, aber doch wertvolle Aspekte der Wahrheit. Gott selber hat diese Wahrheit in ihre Herzen gelegt (Röm. 2:15). Diese wertvollen Stücke von Wahrheit sollten wir identifizieren und anschließend darauf aufbauen.

Paulus arbeitete nach diesem Prinzip:

> *Damit sie Gott suchen wollen, ob sie ihn wohl fühlen und finden könnten; und fürwahr, er ist nicht ferne von einem jeden unter uns. Denn in ihm leben, weben und sind wir; wie auch einige Dichter bei euch gesagt haben: Wir sind seines Geschlechts.*
> Apostelgeschichte 17:27-28.

Die Griechen liebten Poeten und Poesie. Paulus hörte ihnen aufmerksam zu und wiederholte ganz einfach, was ihre Poeten gesagt hatten. Und da es sich dabei um etwas Bekanntes handelte, hörten die Griechen ihm gerne zu. Athen war eine Stadt voller Götzenbilder, Sünde und Irrlehre. Paulus hätte ganz einfach kritisieren und konfrontieren können – statt dessen filterte er aus diesen Irrlehren das heraus, was gut war, und baute darauf weitere Wahrheit auf, um seine Zuhörer ein Stück weiter zu führen: zur Kenntnis, dass Jesus Christus der Messias und Richter der ganzen Welt ist (Apg. 17:31).

Das Prinzip ist also das folgende:

➤ *Die Wahrheiten, die in ihrer Lehre bereits vorhanden sind, erkennen.*

➤ *Die Lücken, die in ihrer Lehre noch vorhanden sind, erkennen und schließen.*

Auch hier gilt wieder: Zuhören ist vorerst wichtiger als sprechen. Nur wenn wir ihre Lehre kennen, werden wir das obige Prinzip anwenden können.

Wenn wir nun ihr Buch, den Koran, etwas kennen lernen, werden wir feststellen, dass wir darin viele Ähnlichkeiten mit der Bibel finden. Natürlich gibt
es auch wesentliche Unterschiede. Sowohl die Ähnlichkeiten als auch die Unterschiede müssen uns bewusst sein. Die Frage stellt sich anschließend: Womit sollten wir anfangen? Mit den Gemeinsamkeiten oder mit den Unterschieden? – Jede
Gemeinsamkeit, jedes Stück Wahrheit, bildet eine Brücke, auf der wir ein Stück
in Richtung des Muslims gehen können und ist ein Baustein, mit dem wir weiter
Wahrheit bauen können.

In der Folge einige Beispiele von solchen Bausteinen, die uns als Brücke dienen
können:

➤ Gewisse Lehren über Gott

Es gibt nur einen Gott; er ist der Schöpfer von Himmel und Erde; die „99 herr-
lichen Namen Gottes" des Islams haben alle ein biblisches Fundament.

➤ Die meisten alten Propheten

Viele biblische Propheten werden auch im Koran erwähnt: Adam, Noah, Abraham, Isaak, Jakob, Joseph, Mose, Aaron, David, Hiob, Jonas, Johannes und andere mehr.

➤ Die Bücher der Propheten

Alle Muslime glauben, dass Gott Mose die Thora, David den Zabour und Jesus
das Injil gegeben hat. Diese drei Bücher entsprechen dem Pentateuch, den Psalmen und den Evangelien. Alle Muslime müssen an diese drei Bücher glauben. In
ihnen haben wir viele Gemeinsamkeiten (z.B. Schöpfung, Bericht über Geburt
Jesu etc.)

➤ Gewisse Berichte und Lehren über Jesus

Etliche koranische Berichte über Jesus entsprechen im Großen und Ganzen
der biblischen Lehre, insbesondere:

- der Bericht der Geburt Jesu

- der Dienst Jesu: er hat Tote auferweckt, Kranke geheilt, die Augen der
  Blinden geöffnet

- die Titel Jesu: Sohn Marias, Prophet, Messias, Wort Gottes, Wort der
  Wahrheit

- die Unschuld, Sündlosigkeit Jesu

- die Rückkehr Jesu

➤ Glaube an Satan und die Engel

Muslime glauben auch an Dämonen, respektive böse Geister. Sie glauben an Engel. Sie glauben, dass Engel als Botschafter Gottes manchmal den Menschen erscheinen und ihnen eine göttliche Botschaft überbringen.

➤ Der Tag des letzten Gerichts

Jeder Muslim glaubt an das Letzte Gericht, wo Gott die Lebenden und die Toten richten wird. Das Letzte Gericht ist eines der beiden großen Themen des Korans.

➤ Das Paradies und die Hölle

Obwohl seine Vorstellungen von diesen beiden Orten nicht dem biblischen Inhalt entsprechen, glaubt doch jeder Muslim, dass sie existieren. Jeder Muslim weiß, dass die Hölle kein guter Ort ist und versucht alles, um eines Tages im Paradies zu sein.

Es gibt viele verschiedene Möglichkeiten, um dieses Prinzip anzuwenden, zum Beispiel:

➤ Erzählen oder gemeinsames Lesen von alttestamentlichen Geschichten als Vorbereitung auf das Neue Testament.

➤ Sie können einen Muslim fragen, was der Koran über die Geburt Jesu sagt. Hören Sie ihm aufmerksam zu und widersprechen Sie ihm nicht. Wenn er fertig ist, fragen Sie ihn, ob er wisse, was das Injil dazu sagt. Da Sie ihm zugehört haben, wird er Ihnen auch zuhören. Lesen Sie gemeinsam Lukas 1 und unterstreichen Sie die Gemeinsamkeiten mit dem Koran (es hat einige!). Zeigen Sie ihm anschließend Matthäus 1:21 und erklären Sie ihm, warum Jesu Geburt so einzigartig war: Weil er als Erlöser kam.

➤ „Isa al-Masih", Jesus der Messias, ist der am meisten gebrauchte Titel Jesu im Koran (elfmal). Sie können einen Muslim fragen, was denn „al-Masih" bedeutet. Hören Sie ihm aufmerksam zu. Anschließend können Sie ihm die biblische Bedeutung erklären: der Gesalbte, der Gott Geweihte für eine ganz spezielle Aufgabe – um Menschen zu heilen, zu befreien und zu retten.

Koranische Berichte und einzelne Verse sind eine Brücke, die ihn dazu bringen können, nach mehr Wahrheit im Wort Gottes zu suchen. Eine Brücke ist nie ein

Ziel in sich selber, sondern ein Mittel, um zu einem Ort zu gelangen. Die Broschüre *„Das Geheimnis des Kamels"* erklärt dieses Prinzip in noch mehr Einzelheiten. Sie können dieses sehr hilfreiche Büchlein unter folgender Adresse bestellen:

Frontiers
Postfach 263
CH-9404 Rorschacherberg

Telefon: +41 (0)71 858 57 57
E-Mail: info@frontiers.ch

7.4. Provozieren Sie nicht und vermeiden Sie Streitdiskussionen

Sprüche 15:1 gibt uns folgenden Rat:

> *Eine linde Antwort stillt den Zorn; aber ein hartes Wort erregt Grimm.*
> Sprüche 15:1

Als Segensträger sind wir nicht dazu berufen, andere zu provozieren oder Streit zu suchen, sondern Friedensstifter zu sein. Wie können wir Provokation und Streitdiskussionen vermeiden?

➤ Beginnen Sie Gespräche nicht mit Aussagen, die Ihr Gegenüber wütend macht.

Streitgespräche bringen uns kein Stück weiter, insbesondere in orientalischen Kulturen, in denen das Aufrechterhalten von Ehre wichtiger ist als das Erkennen und Befolgen von Wahrheit. In einem solchen Kontext ist das Aufrechterhalten von guten Beziehungen und gegenseitigem Respekt wichtiger als ein „verbaler Sieg". Ja, wir dürfen und müssen die ganze Wahrheit verkünden, auch wenn sie herausfordert – aber wir müssen nicht unbedingt mit den Aspekten der Wahrheit beginnen, welche das Gegenüber provozieren. Es gibt eine geeignete Art und Weise, einen geeigneten Ort und eine geeignete Zeit, um die ganze Wahrheit zu verkünden.

Provozierende Aussagen sind die göttlichen Titel für Jesus oder eine Beschuldigung ihres Propheten. Wir sollten da behutsam vorgehen, indem wir andere, ebenso biblische Titel für Jesus benutzen wie beispielsweise „Jesus der Messias", „Jesus das Wort Gottes" oder „der Prophet Jesus". Wir können ihrem Propheten gegenüber Respekt zeigen, denn auch in seiner Lehre sind Aspekte der Wahrheit enthalten. Wussten Sie übrigens, dass die beiden großen Elemente in Mohammeds Verkündigung „es gibt nur einen Gott" und „es gibt ein letztes Gericht" waren? Sind nicht diese beiden Elemente durchaus auch biblisch?

➤ Suchen Sie das Gespräch nicht an Orten, an denen häufig Streit entsteht.

In orientalischen Kulturen sind Beispiele für solche Orte die Moschee, öffentliche Plätze, der Markt. Ein besserer Ansatz ist, zuerst bewusst wortlos zu verkünden und dann die Prinzipien dieses Kapitels anzuwenden.

Entsteht trotz aller Vorsicht und Feinfühligkeit unsererseits eine heikle Situation, sollten wir den Rat des Paulus befolgen:

Aber die törichten und unnützen Fragen weise zurück; denn du weißt, dass sie nur Streit erzeugen. Ein Knecht des Herrn aber soll nicht streitsüchtig sein, sondern freundlich gegen jedermann, im Lehren geschickt, der Böses ertragen kann und mit Sanftmut die Widerspenstigen zurechtweist, ob ihnen Gott vielleicht Buße gebe, die Wahrheit zu erkennen.
2. Timotheus 2:23-25

- Als Segensträger sind Sie nicht berufen zu streiten; wenn Ihr Gegenüber zu streiten anfängt, ist es besser, ruhig zu bleiben und freundlich, geduldig und sanftmütig zu antworten.

- Werden Sie nicht wütend und lassen Sie sich nicht provozieren.

- Wenn die Diskussion sehr konfrontativ wird, versuchen Sie, das Thema zu wechseln oder etwas zu betonen, das Sie eint.

- Sie können auch Verse aus dem Koran betonen, welche Muslime dazu auffordert, authentische Christen zu lieben und zu respektieren:

Du wirst sicher finden, dass diejenigen Menschen, die sich den Gläubigen gegenüber am meisten feindlich zeigen, die Juden und die Heiden sind. Und du wirst sicher finden, dass diejenigen, die den Gläubigen in Liebe am Nächsten stehen, die sind, welche sagen: ,Wir sind Naṣārā [d.h. Christen]'. Dies deshalb, weil es unter ihnen Priester und Mönche gibt, und weil sie nicht hochmütig sind.
Sure 5:82

Hierauf ließen wir hinter ihnen her unsere [weiteren] Gesandten folgen. Und wir ließen Jesus, den Sohn der Maria, folgen und gaben ihm das Evangelium, und wir ließen im Herzen derer, die sich ihm anschlossen, Milde Platz greifen [w. wir setzten in das Herz derer, die sich ihm anschlossen, Milde], Barmherzigkeit und Mönchtum. – Sie brachten es [d.h. das Mönchtum] [von sich aus]

auf. Wir haben es ihnen nicht vorgeschrieben. [Sie haben es] vielmehr [von sich aus] im Streben nach Gottes Wohlgefallen [auf sich genommen]. Doch hielten sie es [nachdem sie es erst einmal auf sich genommen hatten] nicht richtig ein. – Und wir gaben denjenigen von ihnen, die [an die Wahrheit der ihnen übermittelten Offenbarung] glaubten, ihren Lohn. Aber viele von ihnen waren Frevler.
Sure 57:27

- Wenn nötig, das Gespräch abbrechen. Auch Jesus hat nicht bei allen Diskussionen mitgemacht und nicht alle Fragen beantwortet, die man ihm stellte: Manchmal blieb er bewusst vage (vor Pilatus: „Du sagst es"), manchmal antwortete er gar nichts (vor Herodes), manchmal sprach er klar und deutlich vor allen Menschen (Bergpredigt). Seien Sie vorsichtig, ohne dabei furchtsam zu werden und vergessen Sie nicht, dass es einfach ist, eine heiße Diskussion zu gewinnen, dabei aber die Person zu verlieren.

7.5. Beten Sie mit ihnen für ihre Bedürfnisse

Eine der besten Arten, Muslimen ein Segen zu werden, ist das Gebet für sie und ihre Bedürfnisse. Dieser Gedanke mag Ihnen ungewohnt erscheinen. Insbesondere Mitarbeiter, die im afrikanischen oder asiatischen Kontext arbeiten, werden aber bald feststellen, wie natürlich „der Faktor Gott" ins tägliche Leben und Erleben einfließt. Spontanes Gebet bei Unglücksfällen wie Krankheit, Verlust, Schmerz, Konflikten, Familienproblemen und anderem mehr ist darum ganz selbstverständlich.

Beachten Sie beim Gebet mit Muslimen folgendes:

➤ Der Muslim weiß bereits vom Koran her, dass Jesus Kranke heilen kann. Ein Gebet im Namen Jesu ist darum im Normalfall für den Muslim akzeptabel. Es ist darum besser, im Namen Jesu zu Gott dem Schöpfer zu beten als direkt zu Jesus.

➤ Benutzen Sie Titel für Jesus, die dem Muslim bekannt und akzeptabel sind (Beispiel: Isa al-Masih).

➤ Die meisten Muslime kennen nur das rituelle Gebet in Arabisch. In vielen nicht-arabischen Muslimen hinterlässt dies ein großes Vakuum, denn sie verstehen gegebenenfalls nicht, was sie beten. Eine persönliche Beziehung zu Gott zu haben, ist für den durchschnittlichen Muslim undenkbar.

Wenn Sie persönlich und direkt mit ihm beten, wird er erstaunt sein, dass man überhaupt so mit Gott im Kontakt sein kann. Zu Gott eine Beziehung zu haben wie ein Kind zu seinem Vater, ist für einen Muslim undenkbar. Mit anderen Worten: Auch wenn die Gebetserhörung ausbleiben sollte, ist nur schon die Tatsache eines persönlichen Gebets zu einem persönlichen Gott eine sehr starke Botschaft.

➤ Je nach Situation kann ein solches Gebet von der Lektüre einer biblischen Geschichte begleitet werden. Bevor Sie für Heilung einer Krankheit beten, ist es beispielsweise denkbar, gemeinsam einen Heilungsbericht Jesu aus dem Injil zu lesen.

Gebet für Kranke, Gebet für das direkte Eingreifen Gottes in spezifischen Situation ist biblisch:

Es kam aber Furcht über alle Seelen, und es geschahen auch viele Wunder und Zeichen durch die Apostel.
Apostelgeschichte 2:43

Petrus aber sprach: Silber und Gold habe ich nicht: was ich aber habe, das gebe ich dir: Im Namen Jesu Christi von Nazareth steh auf und geh umher!
Apostelgeschichte 3:6

Und das Volk neigte sich einmütig dem zu, was Philippus sagte, als sie ihm zuhörten und die Zeichen sahen, die er tat.
Apostelgeschichte 8:6

Sprach er (Paulus) mit lauter Stimme: Stell dich aufrecht auf deine Füße! Und er sprang auf und ging umher.
Apostelgeschichte 14:10

Und mein Wort und meine Predigt geschahen nicht mit überredenden Worten menschlicher Weisheit, sondern in Erweisung des Geistes und der Kraft.
1. Korinther 2:4

Gebet mit einem notleidenden Menschen ist immer auch Ausdruck unserer Liebe. Das wird unser Gegenüber berühren, auch wenn die Erhörung ausbleiben sollte. Gott ist souverän – wir können keine uns genehme Antwort erzwingen.

Gerade im volksislamischen Kontext ist diese Art Fürbitte besonders wichtig. Denn solche Muslime sind ständig auf der Suche nach mehr „baraka" (Segen) und versuchen ihn an allen möglichen Orten zu finden. Suchen sie dazu Scheichs auf, müssen sie häufig Opfer bringen oder dafür bezahlen. Ein authentischer Nachfolger Jesu, der ganz einfach und ohne Hintergedanken im Namen von Isa al-Masih betet, wird Spuren hinterlassen.

7.6. Unterrichten Sie vom Alten Testament herkommend

Eines der großen Probleme zwischen Koran und Bibel ist, dass sie vom gleichen sprechen, aber dabei etwas anderes meinen. Ihr Vokabular ist zwar dasselbe, aber die Inhalte, die Konzepte und Definitionen der Worte können weit auseinander liegen.

Wenn wir mit Muslimen sprechen, sind darum Missverständnisse unvermeidlich, da sich die jeweiligen Inhalte schon auf der Ebene der religiösen Grundbegriffe nicht entsprechen. Die folgende Tabelle erklärt einige dieser Grundbegriffe:

Konzept	Bibel	Koran
Gottes Liebe und Treue	Bedingungslose Liebe für Sünder und Arme; ist zu 100% seinem Wort gegenüber treu	Liebt, der ihn liebt; „Ich habe Macht und Reichtum gegeben dem, den ich liebe"; ist zu groß, um an sein Wort gebunden zu sein
Mensch	Schlecht, Sünder, hoffnungslos verloren und von Gott getrennt, braucht einen Retter	Gut, aber schwach; nicht von Gott getrennt, braucht keinen Retter
Heiligkeit	Innerlich, bis hin zu den Motiven, Wünschen und Gedanken (vgl. Bergpredigt)	Äußerlich; was im Herzen passiert ist belanglos, solange die äußerlichen Riten der Religion befolgt werden (5 Säulen)
Sünde	Der Mensch sündigt, weil sein Herz schlecht ist; er ist Sünder und will sündigen	Prädestination; der Mensch sündigt, weil Gott es so gewollt hat; kein Verantwortungsbewusstsein
Gebet	Ein Kind, das aus einer Liebesbeziehung heraus mit seinem Vater Gemeinschaft hat	Ein Sklave, der aus einer Sklavenbeziehung heraus seinem Meister ergeben ist

Konzept	Bibel	Koran
Heil	Durch den Glauben an den stellvertretenden Opfertod Jesu; ist nicht an Werke gebunden; Heilsgewissheit	Durch Befolgung der 5 Säulen; gebunden an Werke; Konzept der Waage; keine Heilsgewissheit (Inch'Allah – „so Gott will...")
Himmel	In Gottes heiliger Gegenwart sein; Lobpreis und Anbetung; geistlich	Ein Ort mit vielen schönen Jungfrauen und Wein; sinnlich
Hölle	Ewiges Getrenntsein von Gott; ewiges, bewusstes Leiden	Getrenntsein von Gott; nicht ewig; kann durch Opfer und Gebete der Lebenden verkürzt werden

Tabelle 8: Vergleich religiöser Grundbegriffe

Das beste Beispiel für Verkündigung vom Alten Testament herkommend haben wir im Bericht der Emmaus-Jünger. Nach seiner Auferstehung erscheint Jesus zwei Jüngern, die auf dem Weg nach Emmaus sind und geht ein Stück Weg mit ihnen. Sie erkennen ihn aber nicht (Lk. 24:16). Jesus fragt sie, worüber sie sich unterhalten; ihre Antwort ist sehr aufschlussreich und zeigt ihre Missverständnisse und unvollständigen Konzepte in Bezug auf den Messias. Wir können ihre Gedanken wie folgt zusammenfassen:

➤ Jesus war ein großer Prophet, „mächtig im Werk und Wort" (Lk. 24:19).

➤ Jesus hätte nicht sterben, sondern Israel erlösen sollen (Lk. 24:20-21).

➤ Es bestehen Zweifel darüber, wer Jesus wirklich ist: Ist er der Messias oder nicht? Ist er Gottes Sohn? Ist er nur ein Prophet?

Diese drei Fragen beschäftigen auch Muslime. In Bezug auf den Messias können wir darum ihre Situation mit jener der Emmaus-Jünger vergleichen. Folgende Tabelle fasst diesen Vergleich zusammen:

Emmaus-Jünger	Muslime
• Jesus war ein großer Prophet	• Jesus war ein großer Prophet
• Jesus – ist er Sohn Gottes?	• Jesus ist nicht Sohn Gottes
• Jesus hätte nicht sterben sollen	• Jesus ist nicht gestorben

Tabelle 9: Die Emmaus-Jünger

Interessant ist nun zu beobachten, welche Methodologie Jesus anwandte, um diese unvollständigen Konzepte zu korrigieren und die beiden Jünger zur vollen Kenntnis der Wahrheit zu führen: Er baute auf ihrer mangelhaften Kenntnis des Alten Testamentes auf, um ihnen Person und Werk des Messias Schritt um Schritt zu zeigen.

Was unterrichtete er konkret? – „Von Mose und von allen Propheten anfangend erklärte er ihnen in allen Schriften das, was ihn betraf" (Lk. 24:27).

Mit anderen Worten:

➤ Jesus unterrichtete das Wort Gottes auf chronologische Weise, beim Pentateuch anfangend bis hin zu den anderen alttestamentlichen Propheten.

➤ Jesus unterrichtete nicht das gesamte Alte Testament, sondern nur diejenigen Ereignisse und Prophetien, die ihn, den Messias vorschattierten oder ankündigten. Er traf also eine Auswahl, um den Jüngern zu zeigen, dass es absolut notwendig war, dass der Messias Gottes sterben würde.

➤ Er bezeugt durch das Alte Testament, dass er wirklich der Messias war und als Messias sterben musste.

Lukas 24:31-32 zeigt uns, zu welchen Resultaten diese Methode Jesu führte: Ihre Augen öffneten sich und ihr Herz brannte in ihnen.

Erst auf dem alttestamentlichen Hintergrund konnten die Jünger wirklich erfassen, wer Jesus war und warum er sterben musste. Jesus nahm sich die Zeit und erklärte chronologisch, damit die Jünger ihm gedanklich wirklich folgen konnten.

Da Muslime sich in einer ähnlichen Situation wie die Emmaus-Jünger befinden, ist es möglich, dass eine ähnliche Methode auch zu ähnlichen Resultaten führen wird.

Die fundamentalen Konzepte werden in der Schrift von der ersten Seite an immer und immer wieder betont. Die folgende Tabelle zeigt die wichtigsten dieser Grundkonzepte auf; die vier Beispiele alttestamentlicher Ereignisse unterstreichen, dass diese Grundkonzepte immer und immer wieder gelehrt und betont werden.

Grundkonzepte der Bibel	Schöpfung und Fall	Noah	Opferung Isaaks	Exodus
Gott handelt in der Welt				
Gott ist groß				
Gott ist seinem Wort gegenüber treu				
Gott liebt den Menschen und spricht mit ihm				
Gott ist heilig und hasst Sünde				
Gott straft Sünde mit dem Tod				
Gott sorgt für ein Ersatzopfer				
Der Mensch ist Gott Rechenschaft schuldig				
Der Mensch ist hoffnungslos verloren und von Gott getrennt				
Der Mensch kann sich Gott nur durch Glauben nähern				

Tabelle 10: Grundkonzepte der Bibel

Werden diese Grundkonzepte über längere Zeit durch alttestamentliche Geschichten immer wieder betont, werden folgende Ziele erreicht:

➤ Durch die wiederholte Betonung dieser Basiskonzepte werden Fundamente der Wahrheit gelegt.

➤ Muslime erkennen die kapitale Wichtigkeit von stellvertretenden Opfern, beziehungsweise, dass ohne Opfer Vergebung der Schuld nicht möglich ist.

➤ Sein Herz wird vorbereitet auf das Kommen Jesu als Messias, insbesondere auf die Botschaft von Johannes 1:29. Früher dachte er, Jesus sei nicht gestorben; da jedoch im ganzen Alten Testament so häufig von Tieropfern als Ersatz für Menschen gesprochen wird, ist das Konzept „Sünde führt immer zu Tod" schon so tief verwurzelt, dass der Muslim vorbereitet ist, die Wahrheit von Johannes 1:29 anzunehmen, als logische Folge der alttestamentlichen Ereignisse und endgültige Lösung der Schuldfrage.

Der Koran bietet für das Problem der Schuldfrage keine wirkliche Lösung an. Die Botschaft der Vergebung, der Lösung der Schuldfrage, ist darum wie ein Angebot von frischem Wasser in einer trockenen Wüste, von etwas Besserem als sie je gekannt haben.

Je mehr die Herrlichkeit Jesu und der Schrift aufleuchten, desto mehr haben Kontroversen Tendenz zu verschwinden.

Vielleicht ist dies ein besserer Weg als konfrontative Debatten, Muslime dazu einzuladen, Jesus nachzufolgen: Viel Gebet und frisches Wasser anbieten.

Die chronologische Verkündigung vom Alten Testament her kommend hat noch eine ganze Reihe weiterer Vorteile:

➤ Eine chronologische Verkündigung ist nicht aggressiv.

➤ Verkündigung durch Geschichten prägt sich besser ein. Man erinnert sich eher an eine Geschichte als an ein theologisches Konzept, dies umso mehr als dass die meisten islamischen Gruppierungen orale Kulturen sind.

➤ Gott selber hat sich chronologisch und durch Geschichten offenbart. Wenn wir ein Buch lesen oder einen Film schauen, beginnen wir ja auch nicht in der Mitte. Warum tun wir es bei der Verkündigung der Bibel?

➤ Durch das Verkünden der Botschaft über einen gewissen Zeitraum entstehen Vertrauensbeziehungen.

➤ Der natürliche Rahmen einer Familie oder Gruppe von Freunden, die über eine gewisse Zeit gemeinsam das Wort Gottes studieren, bildet später eine ideale Grundlage für eine Hausgemeinde. Während dem Studium entstehen bereits wertvolle Gruppendynamiken, die später wichtig sein können.

➤ Jeder Mensch kann Geschichten erzählen – und alle Menschen hören gerne Geschichten. Somit können auch unerfahrenere Botschafter beginnen, die Gute Nachricht zu verkünden – ganz einfach durch das Erzählen von biblischen Geschichten.

Die chronologische Verkündigung eignet sich auch sehr gut für die Arbeit mit Kindern oder Analphabeten. Sie kann weiter gebraucht werden in der Ausbildung zukünftiger Leiter, die nach jedem Treffen dazu ermutigt werden, die Geschichte nun auch selber weiterzuerzählen.

Wie können Sie anfangen?

➤ *Bauen Sie viele Beziehungen auf.* Werden Sie unter den Menschen bekannt. Vertiefen Sie Beziehungen, bei denen Sie positive Reaktionen und Annahme empfinden. Laden Sie diese zu sich ein oder verbringen Sie viel Zeit in deren Familie.

➤ *Schlagen Sie vor, biblische Geschichten gemeinsam zu lesen.*

➤ *Suchen Sie einen geeigneten Ort:* Sie können beispielsweise ein paar Freunde gemeinsam zu sich nach Hause einladen oder regelmäßig zu jemandem nach Hause gehen. Wichtig ist, dass dies mit einer gewissen Regelmäßigkeit stattfindet. Wie unter Abschnitt 7.2. beschrieben: Schaffen Sie für diese Treffen die geeigneten Rahmenbedingungen.

➤ *Zeigen Sie immer grossen Respekt für die Heilige Schrift:* Lassen Sie die Bibel nicht auf dem Boden oder unter anderen Büchern liegen. Benutzen Sie eine Bibel, in der Sie keine Notizen gemacht und nichts unterstrichen haben.

➤ *Lernen Sie die Geschichte gut kennen.* Lassen Sie sich vom Wort Gottes neu berühren. Für Mitarbeiter, die in einer fremden Sprache arbeiten: Schreiben Sie eine Zusammenfassung der Geschichte und lernen Sie diese auswendig.

➤ *Bereiten Sie ein paar einfache Fragen vor,* die Sie der Gruppe während oder nach der Geschichte stellen können. Es ist effektiver, wenn sich alle beteiligen und die Teilnehmer sehen, dass das Wort Gottes selber der Lehrer ist, der auf ihre Fragen antwortet.

➤ *Begleiten Sie alles mit viel Gebet.* Je nach Situation dürfen Sie das Treffen mit einem Gebet um das „baraka", den Segen Gottes für alle Teilnehmer, abschließen.

7.7. Werden Sie ein Geschichtenerzähler

Jesus hat häufig durch Geschichten und Gleichnisse gelehrt. Auch wir sollten lernen, Geschichten zu erzählen. Nicht alle Mitmenschen werden akzeptieren, dass jemand ihnen formell das Evangelium erklärt – aber alle Menschen hören gerne Geschichten.

Dieser Abschnitt ähnelt in vielem dem vorhergehenden. Während wir aber im Abschnitt 7.6. die strukturiert chronologische Verkündigung betonten, wollen wir hier andere Arten von Geschichten in den Vordergrund stellen:

➤ *Traditionelle Geschichten aus ihrer Kultur*

Wenn wir mit Menschen aus anderen Kulturkreisen arbeiten, sollten wir ihre Geschichten, ihre Gleichnisse, ihre Illustrationen und Sprichwörter kennen. Je besser wir dieses kulturelle Erbe kennen, desto mehr können wir sie wie Werkzeuge in unsere Verkündigung einbauen und ihre Herzen berühren.

➤ *Illustrationen aus dem täglichen Leben*

➤ *Illustrationen aus dem Wort Gottes – einige Beispiele:*

- Das Leben eines der alten Propheten: Wenn Sie direkt sagen: „Jesus, der Sohn Gottes, ist für unsere Sünden am Kreuz gestorben", provozieren Sie wahrscheinlich einen Konflikt. Besser ist, Geschichten zu erzählen, beispielsweise von Abraham (Abraham ist im Koran sehr bekannt und beliebt). „Gott verlangte von Abraham, dass er seinen Sohn opferte (diskutieren Sie nicht darüber, ob das Ismael oder Isaak war, das ist in diesem Zusammenhang nicht wesentlich). Im letzten Moment gab Gott einen Ersatz für den Sohn Abrahams, ein Opfertier. Dieses Opfertier starb anstelle von Abrahams Sohn. Sein Sohn hätte sich nicht selber retten können. Die Hilfe musste von Gott kommen, und jemand musste für ihn sterben, damit er leben konnte. Wir sind wie Abrahams Sohn, wir müssen für unsere Schuld bestraft werden. Doch Gott hat einen Ersatz für uns sterben lassen: Jesus der Messias." Eine solche Art der Verkündigung wird es einem Muslim erleichtern, auch für ihn schwierigere Konzepte zu verstehen.

- Muslime beten jeden Tag um die Vergebung ihrer Sünden, aber sie haben keine Gewissheit. Berichte, wie Jesus Sünden vergab, wie zum Beispiel der Ehebrecherin in Johannes 8:1-11.

- Heilungen und Befreiungen, zum Beispiel der Lahme in Lukas 5:17-26.

- Geschichten und Gleichnisse zum Letzten Gericht: Der reiche Mann und der arme Lazarus in Lukas 16:19-31, oder der reiche Tor in Lukas 12:13-21.

7.8. Teilen Sie selber Erlebtes

Über Doktrin und Theologie lässt sich leicht streiten – es ist jedoch schwieriger, über selber Erlebtem zu argumentieren. Ein authentisches, persönlich erlebtes Zeugnis ist eine wirksame Art, anderen Menschen Gute Nachricht zu bringen. Dazu sollten wir immer bereit sein, wie die folgende Stelle zeigt:

> *Heiligt aber den Herrn Christus in euren Herzen. Seid allezeit bereit zur Verantwortung vor jedermann, der von euch Rechenschaft fordert über die Hoffnung, die in euch ist.*
> 1. Petrus 3:15

Seien Sie sich bewusst, dass ein Muslim seine Gottesbeziehung normalerweise wie ein Sklave zu seinem Meister sieht. Ein Sklave hat zu tun, was sein Meister ihm befiehlt, hat aber nicht wirklich eine persönliche Beziehung zu ihm, in der er etwas erleben könnte. In diesem Bereich der persönlichen Gottesbeziehung haben Sie darum wirklich eine Botschaft weiterzugeben, frisches Wasser anzubieten.

Lassen Sie darum immer wieder zeugnishaft in Ihre Gespräche einfließen, was Sie mit Gott erlebt haben und immer wieder neu erleben, beispielsweise Vergebung ihrer Schuld, Frieden in Ihrem Herzen, Gewissheit des Ewigen Lebens, Freiheit von okkulten Bindungen, wie Gott Sie führt und versorgt, wie er Ihnen Kraft gibt, anderen Menschen zu vergeben und über Sünde Sieg zu behalten. Vielleicht haben Sie einmal erlebt, wie Gott Sie oder jemanden in Ihrem Bekanntenkreis geheilt oder beschützt hat. Bezeugen Sie diese Dinge in unaufdringlicher Art und laden Sie Ihr Gegenüber dazu ein, dasselbe auch in seinem Leben zu erfahren.

Die Geschichte über den Beginn Ihres Lebens mit Jesus kann natürlich besonders wichtig sein. Beachten Sie die drei Phasen des Zeugnisses:

➢ Betonen Sie die Gründe, die Sie zu der Entscheidung gebracht haben, Jesus nachzufolgen.

➢ Erklären Sie, wie Sie genau begonnen haben, Jesus nachzufolgen. Das wird für einen Muslimen neu sein.

> ➤ Berichten Sie ihm, was sich danach für Sie geändert hat. Besonders wichtig ist hier, dass Ihr Gegenüber versteht, dass das Leben mit Gott nicht blinder Gehorsam, sondern eine persönliche Beziehung von Liebe und Freundschaft ist. Ebenso dürfen Sie ihm aufzeigen, dass Sie immer wieder neu Dinge mit Gott erleben (hoffentlich jeden Tag!).

7.9. Suchen Sie nach „Landeplätzen"

In Abschnitt 5.6. haben wir bereits von ihren nicht gestillten Bedürfnissen und unbeantworteten Fragen gesprochen. Es gilt nun, dieses Prinzip im Leben unseres Gegenübers anzuwenden. Wir müssen versuchen herauszufinden, welche spezifischen Bedürfnisse dieser Mensch jetzt gerade hat und wie die Gute Nachricht eine Lösung für ihn bringen kann. Ungestillte Bedürfnisse sind wie „Landeplätze", Eintrittspunkte für die Gute Nachricht.

Die Botschaft des Evangeliums an sich ist natürlich immer dieselbe. Die Formulierungen, Betonungen, Arten der Verkündigung, Anfangspunkte und so weiter müssen jedoch der jeweiligen Situation angepasst werden.

Wir sehen, wie Jesus mit verschiedenen Menschen ganz verschieden gesprochen hat:

- Johannes 1: Nathanael: Ein Wort der Erkenntnis, welches ihn zum Glauben führte (47-49).

- Johannes 3: Nikodemus: Eine theologische Debatte mit Fragen und Antworten, welche ihn zum Glauben führte.

- Johannes 4: Die Samariterin: Wie und wo Gott anbeten? Die Samariterin ist übrigens eine sehr schöne Illustration einer fortschreitenden Offenbarung. Sie erkennt zu Beginn nur sehr bruchstückhaft, wer Jesus ist – und Jesus holt sie dort ab, wo sie steht, um sie zur ganzen Wahrheit zu führen (V. 12 (ein gewöhnlicher Mensch) – V. 19 (ein Prophet) – V. 29 (ist er der Messias ?) – V. 42 (der Retter der Welt)).

Paulus folgte demselben Muster:

- Apostelgeschichte 17:2-3: in jüdischem Kontext: verkündet auf der Basis der Schrift.

- Apostelgeschichte 14:15-17: in heidnischem Kontext: durch Krankenheilungen.

- Apostelgeschichte 17:22-33: im philosophischen Athen von einem Zitat eines ihrer Poeten ausgehend.

Wie der Landeplatz genau aussieht, müssen Sie bei jedem Ihrer Mitmenschen wieder neu unterscheiden. Vertrauen Sie darauf, dass Gott solche Landeplätze vorbereitet.

Jeden Morgen ging ich zum nahegelegenen Laden, um dort Brot für das Frühstück zu kaufen. Dort traf ich einen jungen Mann, der mir zurief: Guten Morgen Weißer, kannst du mir nicht ein Visum nach Amerika verschaffen? Ich antwortete ihm: Guten Morgen mein Freund, leider bin ich nicht Amerikaner, daher ist es mir unmöglich, dir mit einem Visum nach Amerika zu helfen. Ich könnte dir aber helfen, ein Visum für das Paradies zu erhalten. Das Visum kriegt jeder, der es mit ehrlichem Herzen sucht und zudem kostet es auch nichts." Der Mann kam auf mich zu und sagte zu mir: „Kann ich dich heute Nachmittag privat besuchen kommen?" „Natürlich", sagte ich und zeigte ihm mein Haus. Am Nachmittag kam er zu mir und erzählte mir, dass er seit Jahren zu Gott betete, dass er jemandem begegnen würde, der ihm von Jesus erzählen würde. Der Mann nahm die große Einladung Jesu am selben Tag an und führte auch einen seiner besten Freunde innert ein paar Wochen zu diesem Punkt. Ich war berührt zu sehen, wie Gott Menschen vorbereitet. Seither ist es oftmals mein Gebet, dass Gott mir durch seinen Geist Weisheit schenkt, wie ich Jesus in natürliche Situationen einbringen und durch Brückensituationen auf ihn hinweisen kann.

7.10. Gebrauchen Sie die Schriften

➤ *Arbeiten Sie mit der Bibel*

Kennen Sie Ihre Bibel? – Ihre Autorität liegt nicht in ihren schönen Worten, sondern im Wort Gottes. Sie sollten darum wissen, wo Schlüsselaussagen und -geschichten der Bibel zu finden sind, um in einem geeigneten Moment eine geeignete Geschichte oder einen passenden Vers lesen oder zitieren zu können. Muslime sind im Allgemeinen besonders beeindruckt von dem einfachen, klaren Schöpfungsbericht, den zehn Geboten, den Psalmen und Sprüchen, der Bergpredigt (wo Jesus über drei der fünf Pfeiler des Islams lehrt) und den Berichten von Wundern Jesu.

➤ *Arbeiten Sie mit dem Koran*

Kennen Sie Ihren Koran? Wie wir bereits gesagt haben, können Wahrheiten aus dem Koran als Brücke zu Muslimen benutzt werden. Ziel ist demnach nicht, den Koran zu studieren, sondern über den Koran als Brücke den Weg zu ihren Herzen zu finden. Wahrheit ist immer Gottes Wahrheit, wo immer sie auch zu finden ist. Sie sollten die im Koran enthaltenen biblischen Wahrheiten kennen.

Außerdem werden Sie feststellen, dass Muslime manchmal Dinge behaupten, die in Widerspruch mit dem Koran stehen. Hier kann ihr eigenes Buch sie korrigieren. Das typische Beispiel dafür ist die weitverbreitete Meinung unter Muslimen, die Bibel sei gefälscht worden. Das ist eine Behauptung ohne jegliche Grundlage. Im Gegenteil, im Koran wird die Bibel sehr hoch geachtet. Mehrmals lesen wir im Koran, dass die vor ihm geoffenbarten Schriften nie geändert werden können; dass sie von Gott inspiriert sind; dass alle Muslime an sie glauben sollen.

Wenn Sie mit dem Koran arbeiten, vergessen Sie bitte nicht, eine arabische Version zu benutzen. Wenn Sie kein Arabisch können, kaufen Sie sich eine kombinierte Ausgabe Deutsch-Arabisch. Nur der arabische Text hat für einen Muslim verbindliche Autorität. Lassen Sie den Muslim selber in der arabischen Version bestimmte Verse lesen, und folgen Sie in Deutsch.

7.11. Lernen Sie den Heilsweg zu erklären

Früher oder später wird der Moment kommen, wo Sie Ihrem Gegenüber helfen können, die große Einladung Jesu anzunehmen. Da wird es wichtig sein, noch einmal auf einfache und klare Art die Botschaft des Evangeliums zu verkünden. Die Illustration der Brücke ist eine effektive Art, dies zu tun, denn sie fasst kurz und bündig die wichtigsten Punkte unserer Botschaft zusammen:

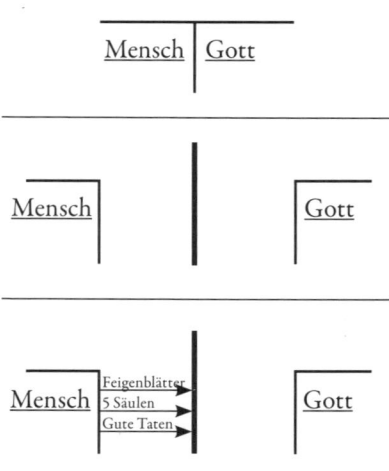

➤ Der Mensch und Gott leben in vollkommener Einheit und guter Beziehung.

➤ Sündenfall; zerbrochene Beziehung zwischen Gott und dem Menschen; unüberbrückbare Mauer zwischen Gott und dem Menschen.

➤ Durch religiöse Aktivitäten (fünf Säulen, gute Taten etc.) versuchen Adam und alle Menschen nach ihm, die zerbrochene Beziehung wieder zu reparieren – doch ohne Erfolg.

➤ Gott selber bringt die Lösung – der vollkommene Mensch Jesus bringt das vollkommene Opfer für die Schuld der Menschen und überbrückt die Trennungsmauer.

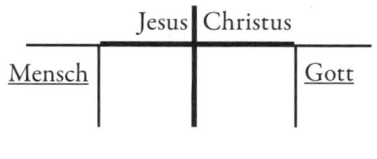

➤ Der Mensch muss das Angebot Gottes annehmen und kann durch die Nachfolge Jesu die Beziehung zu Gott wieder herstellen.

Schema 11: Der Weg zum Heil

Natürlich gibt es viele andere Illustrationen und Beispiele, um einem wirklich offenen und bereiten Menschen die große Einladung Jesu zu erklären. Andere Beispiele wären die beiden verlorenen Söhne in Lukas 15 oder die beiden Wege in Matthäus 7.

7.12. Setzen Sie Medien ein

Medien können ein weiterer Landeplatz, ein guter Eintrittspunkt für die Verkündigung der Guten Nachricht sein. Sie sind ein weiteres nicht-aggressives Mittel, denn ein Muslim kann dadurch die Botschaft im Stillen hören, ohne Risiken einzugehen. Medien sind stille Botschafter an unserer Seite.

Manche Medien mögen an sich gut, aber für unseren Kontext ungeeignet sein. Darum sollten wir sie sorgfältig auswerten, ehe wir sie einsetzen. Die zwei fundamentalen Fragen sind diesbezüglich:

➤ Ist dieses Medium für sie geeignet, ihrer Kultur angepasst?

➤ Ist der Inhalt dieses Mediums biblisch?

Bevor Sie bestimmte Medien einsetzen, sollten Sie sie selber gut kennen. Lesen Sie ein Buch, ehe Sie es jemandem weitergeben. Schauen Sie sich den Film zuerst selber an, den Sie mit einem suchenden Menschen gemeinsam anschauen wollen.

Finden Sie anschließend heraus, wo Ihr Gegenüber steht. Bestimmte muslimische Sekten verwerfen beispielsweise kategorisch alles, was Bilder, Darstellungen von Menschen oder Propheten enthält. Solchen Menschen sollte man nur Literatur ohne Bilder geben. In vielen oralen Kulturen hingegen sind Filme und einfach illustrierte Büchlein von biblischen Geschichten äußerst beliebt und effektiv.

Folgende Medien sind hilfreich:

> *Literatur:* Bücher, Traktate, Evangelien, Korrespondenzkurse. Wählen Sie insbesondere Literatur aus, die für ihren Kontext geschrieben wurde, beispielsweise Biographien von Muslimen, die der Einladung Jesu gefolgt sind.

> *Radio- und Fernsehsendungen:* Wir können ihnen Zeiten und Frequenzen von hilfreichen Sendungen mitteilen.

> *Audiokassetten und MegaVoice-Geräte:* Besonders Mitarbeiter in ärmeren, ländlichen Gebieten werden feststellen, dass Menschen Kassetten und MegaVoice in ihrer Sprache liebend gerne hören. Biblische Geschichten, kurze Botschaften, Zeugnisse oder kontextuelle Musik sind dabei wertvolle Bestandteile.

> *Videokassetten:* Auch dieses Mittel ist in ärmeren, ländlichen Gebieten sehr beliebt. Ganze Dörfer versammeln sich manchmal, um den Jesus-Film oder „die Geschichte Gottes" zu sehen, insbesondere wenn er in ihrer Sprache gezeigt wird. Unter Immigranten in westlichen Ländern kann dieses Medium für familienorientierte Verkündigung (vgl. 7.16.) gut eingesetzt werden.

7.13. Streuen Sie soviel Samen wie möglich

Der Landwirt, der neben sein Feld kniet und Gott um eine reiche Ernte bittet, wird wohl trotz seiner eifrigen Gebete nichts ernten, wenn er nicht zugleich auch sät. Ebenso verhält es sich mit dem Wort Gottes: Nur wo es in großem Maß ausgestreut wird, werden gewisse Samenkörner auf guten Boden fallen und Frucht hervorbringen.

Nicht in allen Kontexten kann gleich offen und großflächig gestreut werden. In gewissen Ländern beispielsweise kann der Jesus-Film in arabischer Sprache öffentlich und mit Erlaubnis der lokalen Behörden gezeigt werden. In anderen Kontexten konnten Zehntausende von Neuen Testamenten verteilt werden. In wieder anderen Kontexten wurden Radioprogramme oder die Verteilung von Gratis-Videos effektiv genutzt oder die öffentliche Lesung und Predigt des Wortes Gottes.

Hier brauchen Sie Weisheit und Vorsicht, aber auch Mut und Freimütigkeit, die Gelegenheiten zu nutzen, die sich Ihnen bieten. Insbesondere brauchen Sie

Gottes Führung, denn manchmal kann ein zu öffentliches Vorgehen auch kontraproduktiv sein, respektive unnötig Verfolgung provozieren.

In den meisten Kontexten ist wohl ein „halböffentliches" Vorgehen zu empfehlen. Mit halböffentlich meine ich den Rahmen von Familie und vertrauten Freunden. Wenn das Evangelium feinfühlig und nicht aggressiv vermittelt wird, spricht nichts dagegen, dies im Rahmen der Familie zu tun. Da gibt es keine Geheimnisse, und wenn eine erweiterte Familie gemeinsam der Einladung Jesu folgt, werden auch die Risiken von Verfolgung kleiner.

Öffentliche Verkündigung des Evangeliums sollte nur durchgeführt werden, wenn die zuständigen Behörden die entsprechende Erlaubnis erteilen. Ideal ist, wenn sie auf Einladung eines lokalen Sponsors erfolgt. Predigt oder Filmvorführungen können von Gebet für Kranke und Leidende begleitet werden. Als nächster Schritt danach sollten Veranstaltungen in Häusern von Gläubigen oder des Sponsors ermutigt werden.

7.14. Segnen Sie ganze Familien

Wie wir bereits in der Einleitung gesehen haben: Es ist Gottes Plan und Absicht, durch das Evangelium alle Familien der Welt zu segnen. „Oikos" ist der griechische Ausdruck für „Haushalt", „Familie". Ein vertieftes Studium der Evangelien und der Apostelgeschichte zeigt, dass sowohl Jesus als auch die Jünger darauf hin arbeiteten, ganze Familien zu segnen. Dabei folgten sie bereits bestehenden Familienbeziehungen und anderen natürlichen Beziehungsnetzen. Diese bildeten das natürlichste Umfeld für die Verkündigung der Guten Nachricht.

Um alle Familien der Welt zu segnen, empfahl Jesus seinen Jüngern eine ganz spezifische Strategie: Sie sollten in jedem Gebiet, das sie mit dem Evangelium erreichen wollten, vorerst eine „Person des Friedens" ausfindig machen. Bei dieser Person des Friedens sollten sie bleiben, mit ihr essen und trinken, sie im Gebet segnen und ihrem „Oikos" die Gute Nachricht des Königreichs Gottes verkündigen (vgl. Lk. 10:1-11; Mt. 10:5-14). Der Oikos dieser Person des Friedens bildete anschließend die Basis für eine neue Hausgemeinschaft von Nachfolgern Jesu, insbesondere dann, wenn ihre ganze Familie und andere Glieder ihres sozialen Umfeldes gemeinsam der Einladung Jesu folgten.

Hier die Empfehlungen Jesu für Mitarbeiter:

➤ Er beginnt mit viel Gebet (Lk. 10:2).

➤ Er geht unter einem göttlichen Mandat (Mt. 10:5-6).

➤ Er forscht und sucht eine Person des Friedens und wenn er eine gefunden hat, konzentriert er sich auf sie (Mt. 10:11).

➤ Er bringt ihr den „Schalom" Gottes (Lk. 10:5). Wer diesen Schalom annimmt, ist eine Person des Friedens.

➤ Er hat Gemeinschaft mit der Person des Friedens: verbringt viel Zeit mit ihr, isst und trinkt mit ihr und mit ihrer Familie (Lk. 10:7-8).

➤ Er bringt den Segen Gottes in diese Familie: Er betet für die Kranken und andere Nöte der Familie (Lk. 10:9).

➤ Er verkündet der ganzen Familie die Segnungen des Königreichs Gottes (Lk. 10:10).

➤ Wenn die Reaktion negativ ist, verlässt er das Haus und geht weiter, auf der Suche nach einer anderen Person des Friedens (Lk. 10:11).

Hier die Kennzeichen einer Person des Friedens:

➤ Sie öffnet dem Botschafter ihr Haus und empfängt ihn (Lk. 10:5).

➤ Sie ist offen, den Segen des Botschafters anzunehmen und hört ihm zu (Lk. 10:6).

➤ Sie hat Einfluss auf ihre Familie (Mt. 10:13).

➤ Sie ist gastfreundlich (Lk. 10:7).

Die westlichen Kulturen sind durch einen sehr ausgeprägten Individualismus gekennzeichnet. In den meisten nicht-westlichen Kulturen jedoch werden wichtige Entscheidungen durch Konsens getroffen, nach gemeinsamer Diskussion als nukleare oder erweiterte Familie.

Im Neuen Testament werden mehrere Personen des Friedens namentlich erwähnt: Kornelius (Apg. 10), Lydia (Apg. 16:11-15), der Kerkermeister (Apg. 16:25-40), Aquila und Priszilla (Apg. 18:1-4; Röm. 16:3-5), Krispus (Apg. 18:7-8), Stephanus (1. Kor. 1:16), Archippus (Phlm. 1:2), Publius (Apg. 28:7-10) und andere mehr.

Kornelius wird uns im folgenden Abschnitt als Fallstudie dienen:

➤ Gebet ist der Anfangspunkt: Sowohl der Botschafter, Petrus, wie auch der Mann des Friedens, Kornelius, sind am beten; Kornelius ist suchend (Lk. 10:2.9).

➤ Gott hilft Petrus, alle kulturellen Barrieren und Hindernisse zu überwinden (Lk. 10:15).

➤ Petrus ist willig, trotz all seiner Bedenken und Ängste, in Gehorsam Gott gegenüber zu gehen (Lk. 20.21.23).

➤ Petrus arbeitet mit einem Team (Lk. 10:23).

➤ Petrus findet den Mann des Friedens und bleibt bei ihm (Lk. 10:25).

➤ Petrus verkündet die Gute Nachricht im Haus des Mannes des Friedens (Lk. 10:24).

➤ Kornelius ist nicht allein, vielmehr hat er sein soziales Umfeld (Familie, Nachbarn, Freunde) bereits vorbereitet und auch dazu eingeladen, die Verkündigung des Evangeliums zu hören (Lk. 10:24.27).

➤ Petrus trifft sich nicht heimlich mit Kornelius, sondern verkündet das Evangelium in diesem halb-öffentlichen Rahmen (Lk. 10:24.27).

➤ Petrus verkündet die wichtigsten Punkte des Evangeliums (Lk. 10:38-43).

➤ Der wahre Botschafter ist der Heilige Geist. Er überzeugt die Zuhörer (Lk. 10:44).

➤ Petrus bleibt bei diesem Oikos, um die Gläubigen weiter zu unterrichten (Lk. 10:48).

➤ Die Folge davon war eine neue Hausgemeinschaft in Cäsarea!

In familienorientierten Gesellschaften ist eine familienorientierte Verkündigung der Guten Nachricht von besonders großer Wichtigkeit. Vergangene Strategien haben eine eins-zu-eins Verkündigung betont. Die Folge davon war, dass Neugläubige meist von ihren Familien isoliert, manchmal sogar verfolgt wurden. Es ist wesentlich effektiver, von Beginn an die ganze Familie einzuschließen. Das mag zur Folge haben, dass sich der Prozess etwas verlangsamt, entspricht aber bestimmt eher dem göttlichen Mandat, alle Familien der Erde zu segnen, weil dadurch eben das Familiengefüge respektiert wird und Familien weniger auseinandergerissen werden.

Wir möchten Ihnen darum empfehlen, in Ihrem Umfeld Männer und Frauen des Friedens ausfindig zu machen. Wenn Sie solche Personen gefunden haben, ermutigen Sie sie, auch Glieder ihres sozialen Umfelds (Familie, Nachbarn, Freunde) anzuschließen. Planen Sie anschließend eine nicht-aggressive Art, die Botschaft des Evangeliums in diesen Oikos einzupflanzen. Setzen Sie dabei die verschiedensten Methoden und Prinzipien dieses Kapitels um. Wie die neutestamentlichen Beispiele gezeigt haben, kann der Oikos der Person des Friedens auf ganz natürliche Art zum Beginn einer neuen Gemeinschaft von Gläubigen werden – in ihrem Haus.

Folgendes Schema fasst die Strategie „Person des Friedens" zusammen:

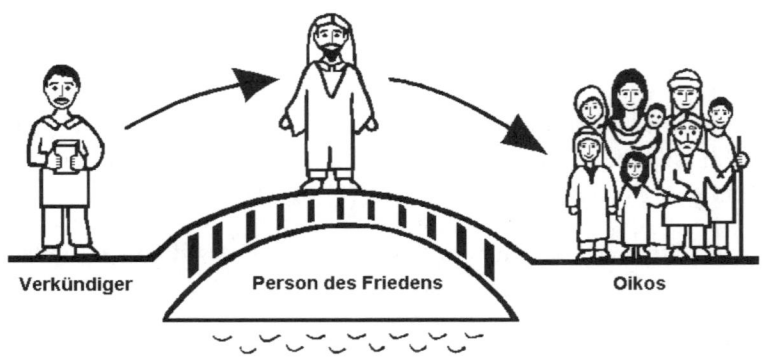

Schema 12: Die Person des Friedens

7.15. Feiern Sie Feste mit ihnen

Religiöse Feste sind gute Landeplätze, um Muslime mit der Guten Nachricht bekannt zu machen.

➤ *Muslimische Feste*

Der muslimische Kalender beinhaltet mehrere wichtige religiöse Feste. Das größte unter ihnen ist das „Id-al-Kabir", an dem Muslime des Opfers von Abrahams Sohn gedenken. Dabei wird von allen Familien ein Schaf geschlachtet. Das Fleisch wird mit Freunden und Nachbarn geteilt, Muslime gehen einander besuchen und verbringen Zeit miteinander. Es ist für Sie ratsam, an solchen Festivitäten dabei zu sein. Vielleicht werden Sie dabei sogar die Gelegenheit haben, den tiefen Sinn ihres Festes zu erklären: Der Sohn Abrahams musste nicht sterben, weil Gott ein Ersatzopfer für ihn besorgte.

Eine andere Gelegenheit ist der neunte Monat des islamischen Kalenders, der Fastenmonat Ramadan. Während dieses Monats suchen viele Muslime nach neuen göttlichen Offenbarungen, insbesondere während der 27. Nacht. Gemäß den Hadith, der islamischen Überlieferung, erhielt Mohammed in dieser Nacht göttliche Offenbarungen. Vielleicht haben Sie während einem Besuch an diesem

Abend die Gelegenheit, mehr göttliche Offenbarung, insbesondere Träume und Visionen aus dem Injil, zu teilen?

Fasten selber ist ein guter Landeplatz, denn es gehört zur Pflicht jedes Muslims, einen ganzen Monat im Jahr zu fasten. Vielleicht können Sie einem Muslim die Gute Nachricht verkünden, dass unser Heil nicht von unseren Werken, sondern von Gottes Gnade in Jesus dem Messias abhängig ist?

➤ *Christliche Feste*

Im christlichen Kalender sind insbesondere Weihnachten und Ostern gute Gelegenheiten zu einem vertieften Kontakt mit Menschen anderer Kulturen. Als Mitarbeiter unter Muslimen können Sie beispielsweise eine kontextuelle Weihnachtsfeier bei sich zuhause organisieren und einige Freunde dazu einladen. Während des Essens oder bei einem gemütlichen Tee können Sie den tiefen Sinn von Weihnachten erklären. Weihnachten ist aber auch eine gute Gelegenheit, Muslime zu einem Filmabend im Kreis Ihrer Familie einzuladen. Der Jesus-Film ist dazu natürlich besonders gut geeignet (v.a. auch, weil er in sehr viele Sprachen übersetzt wurde). Beim Verabschieden können wir ihnen eine geeignete Karte mit einem würzigen Vers in die Hand drücken oder ein gutes Buch zur weiteren Lektüre. Die gleichen Prinzipien können an Ostern angewandt werden.

Für viele Muslime ist der Gedanke, an so einem Fest in eine Kirche zu gehen, eine unüberbrückbare Barriere. Wenn Sie sie jedoch in den Kreis Ihrer Familie nach Hause einladen, werden sie das gerne annehmen und diese Zeit mit Ihnen verbringen.

7.16. Arbeiten Sie durch nahegelegene Gläubige

In sehr vielen Kontexten ist es heute möglich, durch nahegelegene Gläubige zu arbeiten, um noch mehr Muslime zu segnen.

➤ *Nahegelegene Gläubige aus muslimischem Hintergrund*

Gläubige aus muslimischen Hintergrund sind natürlich in einer idealen Lage, Menschen aus dem ihnen so vertrauten Umfeld mit der Botschaft des Heils in Jesus Christus bekannt zu machen. Vielleicht kennen Sie die Bibel besser als sie – aber sie kennen Bräuche, Kultur und soziale Struktur ihrer Leute besser als irgendjemand auf dieser Welt.

Wenn Sie also von Gläubigen aus muslimischem Hintergrund hören, die dieselbe Sprache wie ihre muslimischen Freunde sprechen, holen Sie bei ihnen

Rat. Arbeiten Sie mit ihnen zusammen. Lassen Sie sich von ihnen in Kultur und Brauchtum des Volkes einführen. Andererseits können Sie vielleicht auch sie ein Stück weiterbringen: Bilden Sie sie aus, zeigen Sie ihnen, wie sie ihre Familie und ihr Volk segnen können, arbeiten Sie mit ihnen und durch sie.

> *Nahegelegene Gläubige aus animistischem oder christlichem Hintergrund*

Mitarbeiter, die in fremden Ländern arbeiten, werden feststellen, dass sich viele Kontexte in Afrika und Asien in den letzten paar Jahren stark verändert haben. Die Gemeinde Jesu hat sich multipliziert, so dass heute im sub-saharen Afrika und in Asien buchstäblich Hunderte von Millionen evangelikaler Christen leben. Viele von ihnen wohnen in unmittelbarer Nähe zu muslimischen Volksgruppen, die noch wenig oder gar nichts vom Evangelium gehört haben. In diesen Kontexten kann es sehr effektiv sein, zusätzlich zu einer persönlichen Arbeit mit Muslimen auch andere dazu zu ermutigen, auszubilden oder zu coachen, eine solche Arbeit zu tun. Ihr Dienst hat dadurch das Potenzial, sich um ein Vielfaches zu multiplizieren.

7.17. Üben Sie Barmherzigkeitsdienste aus

Dieser Punkt ist eigentlich eine Erweiterung von Abschnitt 6.7. („Setzen Sie Zeichen der Liebe"). Wenn Sie die Möglichkeit dazu haben, starten Sie kleinere (oder auch größere) Projekte, um Muslime in ihrem Gebiet zu segnen. Dazu gibt es natürlich unbegrenzte Möglichkeiten.

Mitarbeiter, die unter Migranten in einem westlichen Land arbeiten, können beispielsweise Sprachkurse für Neuankömmlinge oder Nachhilfeunterricht für Schüler anbieten oder Kinder hüten, um Mütter zu entlasten.

Mitarbeiter, die in Übersee unter ihnen arbeiten, können an Projekte denken wie Lernzentren (Computer, Englisch), ländliche Entwicklungshilfe (Landwirtschaft, Alphabetisierung), Kleingewerbegründung (Mikrokredite), mobile oder stationäre Kliniken, Aufforstung, Dorfschulen und so weiter.

7.18. Lernen Sie, auf schwierige Fragen zu antworten

Wer mit Menschen anderer Kulturen und Religionen arbeitet, wird immer wieder mit schwierigen Fragen konfrontiert sein. Wichtig ist nun für den Mitarbeiter, auf diese Fragen kompetent und biblisch fundiert antworten zu können. Diesen Bereich nennt man „Apologetik", vom griechischen „Apologia" (Glaubensverteidigung).

In meiner Erfahrung lassen sich die Argumente von Muslimen in etwa zehn Bereiche zusammenfassen. Wer diese zehn Konfliktbereiche oder Fragen der Muslime kennt und gelernt hat, darauf gut zu antworten, wird normalerweise in der Gesprächsführung keine weiteren Probleme haben. Zum Thema „Apologetik" gibt es Dutzende von guten Büchern. Ich empfehle Ihnen, einige davon zu lesen und sich so gute Antworten zu erarbeiten.

Besondere Schwierigkeit bereitet einem Muslim meistens die biblische Christologie. Wie kann ein Mensch Gottes Sohn sein? Wie kann Gott einer und drei zugleich sein? Hilfreich ist zu erklären, dass kein Christ je behauptet hat, Gott habe einen leiblichen Sohn. Jesus ist nicht der leibliche, sondern der geistliche Sohn Gottes (durch ein Wunder Gottes kam Jesus direkt durch den Heiligen Geist und ohne Zeugung in den Bauch Marias). Nicht die Christen haben gesagt, Jesus sei Sohn Gottes, sondern Gott selber hat dies mehrmals und deutlich erklärt (Muslim bedeutet „ein Untergeordneter" – wenn sie wirklich Gott untergeordnet sind, sollten sie annehmen, was Gott selber über Jesus gesagt hat).

Da wir von der Dreieinigkeit sprechen, nehmen viele Muslime an, Christen würden an drei Götter glauben. Nun ist hilfreich zu erklären, dass kein authentischer Christ an drei Götter glaubt. Muslime glauben an die „99 wunderbaren Namen Gottes". Heißt das, dass Muslime an 99 Götter glauben? – Nein, aber es heißt, dass Gott sich in 99 wunderbaren Arten offenbart hat. Ebenso glauben Christen, dass der eine Gott sich in drei wunderbaren Arten als Vater, Sohn und Heiliger Geist offenbart hat – genauso wie Ali im Geschäft Früchte verkauft, zuhause Vater ist und in der Freizeit Clubpräsident. Gibt es darum drei Alis? – Nein, aber der eine Ali hat drei verschiedene Rollen als Verkäufer, Vater und Präsident.

Dies nur zwei Beispiele als Illustration der Apologetik. Ich möchte Ihnen empfehlen, in diesem Bereich weiter nachzuforschen und sich wirklich gute Antworten auf aufrichtige Fragen von Muslimen zu erarbeiten.

Kapitel 8

Die große Einladung

In diesem Kapitel beschäftigen wir uns mit dem dritten Schritt unseres Zyklusses: die große Einladung. Wir können keinen Menschen dazu zwingen, die Einladung anzunehmen. Aber unsere Aufgabe ist es, allen Menschen die Einladung so schmackhaft wie möglich zu machen.

Um auf unser Bild des Baus zurückzukommen: Dieser dritte Schritt entspricht dem Bau des Daches. Es wäre völlig unnütz, mit dem Bau auf der Ebene des Fundaments oder der Mauern aufzuhören. Ebenso wäre es auch völlig unnütz, ein Dach aufzusetzen, wo zuvor kein gutes Fundament und keine soliden Mauern gebaut wurden. In unserer Arbeit mit Menschen aus anderen Kulturkreisen müssen wir nicht schnelle Abkürzungen suchen, und doch muss der Tag kommen, an dem wir die Gute Nachricht klar und deutlich verkündigen und die Menschen einladen, die richtige Entscheidung zu treffen und Jesu Einladung an alle Völker anzunehmen.

Natürlich gibt es hier eine kleine Spannung:

> ➤ Einerseits kann kein Mensch die Einladung Jesu annehmen, wenn nicht der Allmächtige Gott selber ihn zu Jesus hinzieht (Joh. 6:44).

> ➤ Andererseits liegt es durchaus an uns, wie Paulus mit den Juden, mit unseren Mitmenschen zu debattieren und sie zu überzeugen, diese Einladung anzunehmen (vgl. Apg. 9:29; 17:2.17; 18:4.19; 19:8-9).

Wir sollten darum unsere Verantwortung voll und ganz wahrnehmen und unser Bestes geben, um die Gute Nachricht so zu präsentieren, dass sie für unsere Mitmenschen annehmbar wird (wie ein Händler, der seine Ware so präsentiert, dass Passanten Lust haben, etwas zu kaufen – wir kaufen lieber bei einem freundlichen, liebenswürdigen Händler mit schön präsentierter, sauberer Ware). Wir können und sollen die Wahrheit des Evangeliums klar verkünden und dabei alle kulturellen und sozialen Hindernisse aus dem Weg räumen – aber wir können niemand dazu zwingen, die große Einladung anzunehmen.

Eigentlich sind nicht wir es, sondern Jesus selber, der einlädt. Mehrere Verse sprechen von Jesu großer Einladung:

➢ „Wen da dürstet, der komme zu mir und trinke" (Joh. 7:37b).

➢ „Kommt her zu mir alle, die ihr mühselig und beladen seid" (Mt. 11:28).

➢ „Lasset die Kinder und wehret ihnen nicht, zu mir zu kommen" (Mt. 19:14). „Kommt, denn es ist alles bereit" (Lk. 14:17).

➢ „Und der Geist und die Braut sprechen: Komm! Und wer es hört, der spreche: Komm! Und wen dürstet, der komme" (Offb. 22:17).

Wir sind wie die Knechte in Jesu Gleichnis der königlichen Hochzeit (Mt. 22:1-14), die vom König ausgesandt sind, um „die Eingeladenen zur Hochzeit zu rufen" (V. 3). Er sagt uns, wir sollen an alle möglichen Orte gehen und so viele Menschen, wie wir finden, einladen (V. 10). Und Offenbarung 22:17 macht klar, dass wer immer die Einladung Jesu hört automatisch dazu berufen ist, diese Einladung auf andere Menschen auszuweiten: „Und wer es hört, der spreche: Komm!"

8.1. Die Annahme der Einladung ist oftmals ein Prozess

Der Botschafter hat letztlich dieses eine Ziel: Der Zuhörer soll die Einladung nicht nur hören, sondern auch annehmen und in die Nachfolge Jesu treten.

Die Annahme der Einladung hat drei grundlegende Elemente: Glaube an Jesus Christus (Apg. 16:31), Umkehr (Apg. 3:19 – Umkehr heißt, sich abkehren von – sich hinwenden zu) und verbales Bekenntnis (Röm. 10:9-10).

Die Annahme der Einladung hat drei unmittelbare Folgen: eine neue, geistliche Geburt (Joh. 3), Vergebung der Schuld (Apg. 3:19) und Gewissheit des Ewigen Lebens (1. Joh. 5:11-13).

Auf dem Papier sieht das alles recht einfach aus. In der Praxis aber hat die Einladung und ihre Annahme viele verschiedene Aspekte, und es ist oft nicht klar, wer genau „drin" und wer genau „draußen" ist.

Als erstes müssen wir festhalten, dass ein einfaches verbales Bekenntnis nicht gleichzusetzen ist mit einer echten Annahme von Jesu Einladung. Gerade im muslimischen Kontext ist wichtig zu beachten, dass, wie wir bereits gesehen haben, jeder Muslim an Jesus glaubt – ja, an Jesus glauben muss, um ein echter Muslim zu sein. Also ist an Jesus zu glauben und ihm nachzufolgen nicht gleichzusetzen.

Weiter müssen wir verstehen, dass für viele Menschen die Annahme von Jesu

Einladung ein langsamer Prozess ist. Im Verlauf dieses Prozesses finden zwar die drei obengenannten Elemente statt, aber wann und wo dies genau geschehen ist, kann die betroffene Person oft selber nicht genau definieren. Häufig ist der kulminante Punkt des Prozesses die Wassertaufe.

Jesus hat diese Problematik in seinen Gleichnissen über das Königreich Gottes sehr schön angesprochen. Er sagt beispielsweise in Matthäus 13:29-30, dass der Weizen und das Unkraut zusammen wachsen müssen bis zum Ende, und erst dann die große Trennung kommt. In Matthäus 13:33 lesen wir vom Sauerteig, der den ganzen Teig durchsäuert. Und in Matthäus 13:47-49 sagt Jesus, dass die guten und die faulen Fische gemeinsam im Netz sind und erst am Ende der Zeit die große Trennung durch die Engel stattfinden wird (bitte beachten Sie: durch die Engel, nicht durch gutmeinende Christen!).

Diese Gleichnisse zeigen, dass es vielleicht weniger an uns Menschen liegen sollte zu definieren, wer gut und wer böse ist, wer drinnen und wer draußen ist. Das Evangelium sollte vielmehr wie eine Saat in die Herzen einzelner Menschen und ganzer Familien gepflanzt werden. Wie Sauerteig im Teig sollte es sich dann von innen her ausbreiten und die ganze Familie, das ganze Volk, die ganze Kultur segnen und zu Gott hinziehen.

Im Verlauf dieses Prozesses wird Jesus immer mehr Herr und Retter ihres Lebens, seine Prinzipien werden immer mehr zu ihrer Grundlage, ihre Liebe zu ihm wächst und beeinflusst immer mehr ihre Entscheidungen. Die Annahme der Einladung ist also in diesem Sinn nur ein erster Schritt eines wiederum langen Prozesses, in dem sie lernen, sich mehr und mehr auf ihn auszurichten und ihm nachzufolgen.

8.2. Verschiedene Motive

Wir lesen grundsätzlich von den drei folgenden Motiven:

> ➤ *Ego-zentrische, politische Motivation* – die Hoffnung auf ein besseres Leben:
>
> *Und es kam zu ihm ein Aussätziger, der bat ihn, kniete nieder und sprach zu ihm: Willst du, so kannst du mich reinigen.*
> Markus 1:40
>
> *Und Jesus antwortete und sprach zu ihm: Was willst du, dass ich für dich tun soll? Der Blinde sprach zu ihm: Rabbuni, dass ich sehend werde.*
> Markus 10:51

Jesus hat Menschen mit dieser Motivation nicht verurteilt. Er hat sie vielmehr angenommen und weitergeführt.

➤ *Gott-zentrierte Motivation* – Verständnis der Größe und Heiligkeit Gottes:

Er aber sprach: Herr wer bist du? Der sprach: Ich bin Jesus, den du verfolgst.
Apostelgeschichte 9:5.

➤ *Soziale Motivation* – Suche nach einer sozialen Integration (Lk. 19:8-10; vgl. auch Simon in Apg. 8:5-25).

Jesus hat auch Menschen mit ego-zentrischen oder sozialen Motiven eingeladen, ihm nachzufolgen, aber er hat ihnen auch klar die neuen Prioritäten aufgezeigt: „Sucht zuerst das Reich Gottes..." (Mt. 6:33).

Diese Tatsache zeigt, dass wir die Segnungen, die Jesus den Menschen bringen will, verkündigen können, ja, verkündigen sollten: Frieden im Herzen, Heilung, Befreiung, Gewissheit des Ewigen Lebens, Schutz vor bösen Geistern, direkter Zugang zu Gott und so weiter sind legitime Sehnsüchte des Menschen und akzeptable Motive, zu Jesus zu kommen.

Menschen müssen also nicht unbedingt aus geistlichen Gründen zu Jesus kommen – aber sie sollten, durch die Gnade Gottes, während ihres ganzen Lebens geistlicher werden. Jesus verbrachte besonders viel Zeit mit den schlimmsten Sündern seiner Zeit und Gesellschaft – sie waren die besten Kandidaten für seine Heilsbotschaft. Das ist heute nicht anders: Menschen müssen nicht zuerst gut werden, und dann Jesus nachfolgen. Sie dürfen zu ihm kommen, mit welchen Motiven und mit wievielen Sünden auch immer – und er wird sie nicht so sein lassen, wie sie gekommen sind.

Die meisten unter uns waren ebenso ungeistlich, als wir zuerst zu Jesus kamen. Vielleicht erhofften wir uns gewisse Vorteile und Segnungen. Und das ist auch in Ordnung so. Erwarten wir von Menschen aus anderen Kulturkreisen nicht mehr Geistlichkeit als von uns selber.

Was wir unter Abschnitt 7.16. bereits gesagt haben, sei hier noch einmal betont: In gruppen- und familienorientierten Kulturen sollten Sie unbedingt daraufhin arbeiten, ganze Familien zu segnen, das heißt ganze Familien in diesem Prozess, langsam ins Königreich Gottes hineinzukommen, zu begleiten.

8.3. Fünf wichtige Einflüsse im Verlauf des Prozesses

Neuere Forschungen haben gezeigt, dass in vielen Fällen einer oder mehrere der fünf folgenden Einflüsse besonders wichtig waren für Muslime, die der Einladung Jesu folgten:

Einfluss	Kennzeichen	Ihr entsprechender Beitrag
Theologisch	Die Größe und Herrlichkeit Jesu im Koran und im Injil	Ihnen diese Größe und Herrlichkeit aufzeigen; sie ermutigen, mehr zu forschen, um Jesus kennenzulernen.
Positiv	Freundschaft, gelebte Liebe und authentisches Leben eines Christen	Ihnen wahre Freunde werden; authentisches Christsein vor ihnen leben; sie lieben; vorbildlich mit ihnen zusammen sein.
Negativ	Desillusion durch den Fanatismus und Extremismus anderer (Stichwort Selbstmordattentate, islamische Gesetzgebung)	Ihn im aktuellen Weltgeschehen darauf hinweisen; ihm sowohl die islamischen als auch die biblischen Ideale aufzeigen.
Übernatürlich	Träume und Visionen Göttliche Heilung	Konkret um Träume und Visionen in ihrem Leben beten; wenn sie geschehen sind, diese im Licht von Gottes Wort interpretieren; für Kranke beten.
Sozial	Gläubige Familienmitglieder Gläubige aus gleichem Kulturkreis	Gläubige ermutigen und anleiten, ihren Familien und ihrem sozialen Umfeld Gute Nachricht zu sein und zu verkünden.

Tabelle 13: Fünf wichtige Einflüsse im Verlauf des Prozesses

Die Kenntnis der fünf wichtigen Einflüsse hilft uns, einen entsprechenden Beitrag zu leisten. In den meisten Fällen war nicht nur ein Einfluss, sondern eine Kombination von Einflüssen vorhanden. Träume beispielsweise führen oft nicht direkt zur Annahme der Einladung, sind aber ein wichtiger Einfluss, um den ganzen Prozess überhaupt in Gang zu bringen.

8.4. Die Phasen des Prozesses

Unter Abschnitt 8.1. haben wir bereits gelernt, dass oft nur ein langer Prozess zur Annahme der Einladung führt. Ein wichtiger Grund dafür ist, dass Muslime stichhaltige Gründe haben, nicht in die Nachfolge Jesu zu treten:

➤ Sie kennen keine anderen Optionen zu ihrer jetzigen Situation.

➤ Sie kennen keine anderen Menschen aus ihrem Kulturkreis, die Nachfolger Jesu wären.

➤ Sie haben Christen und dem Christentum gegenüber viele Vorurteile.

➤ Sie sind unter sozialem Druck der Umma, der sie daran hindert, irgendetwas in ihrem Leben zu ändern.

➤ Sie haben noch nie einen authentischen Christen gesehen, der ihnen durch sein Leben und seine Worte das Evangelium glaubhaft machen könnte.

Wir wollen die verschiedenen Phasen des Prozesses noch etwas genauer unter die Lupe nehmen:

Die Phasen des Prozesses	
- 8	Kenntnis Gottes, aber keine eigentliche Kenntnis des Evangeliums
- 7	Etabliert einen positiven Kontakt mit einem Botschafter des Evangeliums
- 6	Korrigiert Vorurteile und re-evaluiert seine Wahrnehmung und koranische Aussagen über Jesus
- 5	Kenntnisnahme des Evangeliums durch einen Botschafter
- 4	Kenntnisnahme des Evangeliums durch die Schrift
- 3	Verständnis der Implikationen des Evangeliums für ihn
- 2	Anerkennung, dass er selber Rettung und einen Retter braucht
- 1	Einladung und Entscheidung, Jesus nachzufolgen
	Annahme der Einladung
+ 1	Evaluierung der Entscheidung

Die Phasen des Prozesses	
+ 2	Beginn einer Gemeinschaft oder Integration in eine bestehende Gemeinschaft von Gläubigen
+ 3	Aktive Teilnahme, respektive Mitarbeit

Tabelle 14: Die Phasen des Prozesses

Ihre Aufgabe ist es nun, Muslime bei der Hand zu nehmen und sie auf ihrem Weg einen Schritt näher zur Erkenntnis des Evangeliums und des Messias' zu bringen. Wo immer Sie ihnen begegnen, legen Sie etwas in ihr Leben hinein. Vielleicht wird jemand anderes sie weiter führen. Ebenso werden Sie manchmal auf Muslime treffen, die bereits ein gutes Stück Weg gegangen sind und nun soweit sind, die große Einladung anzunehmen.

Das Neue Testament berichtet, wie Einzelne (Apg. 8:30), ganze Familien (Apg. 10:24.47; 16:30-33) oder sogar ganze Dörfer (Apg. 9:35) der Einladung folgten.

Phase +1 kann sehr wichtig sein. Erst nach einer gewissen Zeit werden dem Nachfolger Jesu die eigentlichen Implikationen seiner Entscheidung bewusst. Vielleicht hat er erste Schwierigkeiten, Enttäuschungen oder gar Verfolgung erlebt. Er wird darum seine Entscheidung noch einmal evaluieren und sich eigentlich ein zweites Mal entscheiden müssen. Hier wird die Begleitung durch einen reiferen Gläubigen besonders wichtig.

Wie wir bereits gesehen haben, sollten Sie alles daran setzen, ganze Familien zu begleiten. Muslime sehen sich als integraler Teil eines Ganzen, und Sie sollten dieses Ganze nicht auseinanderreißen. Je mehr solch große Entscheidungen als Gruppen getroffen werden, desto mehr Chancen haben sie, dauerhaft zu sein. Gruppen werden natürlich mehr Zeit brauchen, um zu einem Konsens zu gelangen. Es lohnt sich aber, ihnen diese Zeit zu geben.

Bauen Sie gute Beziehungen zu den Entscheidungsträgern der jeweiligen Kultur auf und erweisen Sie ihnen den gebührenden Respekt. Wenn diese in Ihnen eine vertrauenswürdige, gottesfürchtige Person sehen, können sie gegebenenfalls eher akzeptieren, wenn Menschen aus ihrer Gruppe zu Nachfolgern Jesu werden.

8.5. Bekenntnisse des echten Glaubens

Echter Glaube wird sich durch die drei folgenden Bekenntnisse ausdrücken:

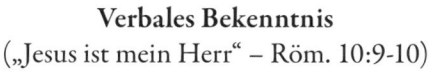

Verbales Bekenntnis
(„Jesus ist mein Herr" – Röm. 10:9-10)

**Bekenntnisse
des echten Glaubens**

Symbolisches Bekenntnis	**Praktisches Bekenntnis**
(Wassertaufe – Mk. 16:16)	(Glaubenswerke – Jak. 2:17-18)

Schema15: Bekenntnisse des echten Glaubens

Die Realität dieser drei Bekenntnisse im Leben eines Menschen ist ein Erweis, ein Beweis, dass in seinem Herzen echter Glaube vorhanden ist, dass er ein echter Nachfolger Jesu ist. Eine tägliche Realität dieser drei Bekenntnisse ist wichtiger als ein einmaliges Erlebnis. Wer verbal bekennt, dass Jesus sein Retter und Herr ist, wer die Wassertaufe erlebt hat und deren Realität (sich selber und den toten Werken gestorben sein – Gott hingegeben sein) täglich lebt, wer die Früchte der Busse, die Werke des Glaubens bringt, der ist wirklich ein Nachfolger Jesu. Zu den Werken des Glaubens gehören auch Vergebung und versöhnte Beziehungen.

Kapitel 9

In der Nachfolge wachsen

Wer die große Einladung Jesu angenommen hat, muss nun lernen, in der Nachfolge zu wachsen. Das führt uns zum vierten Schritt in unserem Zyklus: Teilnahme.

Um zu unserem Bild des Baus zurückzukommen: Dieser vierte Schritt würde der Ausbildung von weiteren Maurern entsprechen, damit noch mehr Häuser gebaut werden können. Wenn Sie als Mitarbeiter alleine Häuser bauen wollen, werden Sie nicht sehr weit kommen, denn Ihre Kapazität ist begrenzt. Wenn Sie aber auch andere Mitarbeiter ausbilden, dieselbe Arbeit zu tun, ist multiplikatives Wachstum möglich.

Jüngerschaft kann verglichen werden mit dem Wachstum von Kindern. Wenn sie auf die Welt kommen, sind sie auf Hilfe von außen angewiesen. Sie brauchen viel Liebe, Pflege und Sorge. Sie brauchen Kleidung, Essen und Trinken. Wenn sie vernachlässigt werden, sterben sie. Wenn sie etwas größer sind, lernen sie zu gehen. Doch beim Gehen lernen fallen sie sehr oft. Sie erheben sich nach jedem Sturz, nur um bald wieder zu fallen. Wenn sie fallen, reagieren die Eltern mit viel Geduld und Liebe und helfen ihnen wieder auf, ohne sie zu schelten. Anstatt über jeden Sturz entmutigt zu sein, sind sie vielmehr über jeden kleinen Schritt ermutigt.

In gleicher Art und Weise sollten wir Neugläubige begleiten. Sie werden wieder in alte Verhaltensmuster zurück fallen, sie werden nicht immer das tun, was ihrem Stand als Nachfolger Jesu entsprechen würde. Das heißt aber nicht, dass sie uns verraten oder betrogen hätten. Anstatt das Schlimmste zu denken, ist es besser, ihnen wieder aufzuhelfen und sie weiterhin geduldig zu begleiten.

9.1. Sich der dringendsten Probleme bewusst sein

➤ *Theologische Konflikte:*

- Wer ist Jesus wirklich? Ist er ein außergewöhnlicher Prophet oder wirklich Sohn Gottes? – Viele Muslime werden in einer ersten Phase Jesus als Messias und Retter annehmen, und erst in einem weiteren Schritt auch erkennen, dass er wirklich Sohn Gottes ist.

- Was ist der Koran wirklich? Welche Gültigkeit hat er für mich?

- Wer ist Mohammed?

➤ *Soziale Herausforderungen:*

- Wie sieht meine Beziehung zur Umma jetzt aus?

- Kann ich meine soziale Stellung innerhalb meiner Familie und Gemeinschaft halten?

➤ *Geistliche Unkenntnis:*

- Welches sind die fünf Säulen meiner Glaubenspraxis? – Sein ganzes Leben lang wusste er um die Erwartungen an ihn. Jetzt muss er lernen, wie die Nachfolge Jesu konkret auszuleben ist.

- Wie schütze ich mich vor bösen Geistern? – Vielleicht vertraute er vorher Talismanen oder anderen Schutzmechanismen. Jetzt muss er neue Schutzmechanismen lernen.

➤ *Legale Unmöglichkeiten:*

- Habe ich überhaupt das Recht, ein Nachfolger Jesu zu sein? – In gewissen Ländern haben Jugendliche unter 18 Jahren nicht das recht, religiöse Entscheidungen zu treffen. In anderen Ländern gibt es offiziell nicht die Möglichkeit, ein Nachfolger Jesu zu sein.

➤ *Die Frage nach der Identität:*

- Muss ich Christ werden, respektive mich Christ nennen, um Jesus nachzufolgen?

- Muss ich zur Kirche gehen, um Teil der Gemeinde Jesu zu sein?

9.2. Auf die ersten Fragen eines Gläubigen biblische Antworten haben

Wenn ein Muslim die große Einladung Jesu annimmt, wird er schnell mit wichtigen Fragen konfrontiert: Kann, respektive darf er die fünf Säulen des Islams noch praktizieren?

Da die meisten dieser Praktiken täglich ausgeführt werden, wird hier sehr schnell offensichtlich, wenn der Muslim diese nicht mehr ausführt. In gewissen Kreisen fällt das nicht auf, da viele andere auch nicht praktizieren. In Gesellschaften, welche den Islam und die fünf Säulen des Islam regelmäßig praktizieren, sind die oben genannten Fragen jedoch von großer Wichtigkeit.

Grundsätzlich soll der Gläubige nie etwas praktizieren oder sagen, das er in seinem Herzen nicht glaubt. Jeder Gläubige soll Jesus von ganzem Herzen nachfolgen und sich von Unklarheiten fernhalten. In der Folge ein paar Hinweise, wie Sie einen neuen Gläubigen beraten können.

> ➤ *Ist es mir noch erlaubt das Glaubensbekenntnis zu rezitieren?*

Für viele Gläubige aus muslimischem Hintergrund ist es wichtig, auch weiterhin ein Glaubensbekenntnis zu haben, da sie dies gewohnt sind. Es ist integraler Bestandteil ihrer Kultur und ihres Glaubenslebens. Oftmals kann ein kontextuelles Glaubensbekenntnis (siehe Kapitel 10.6. Anbetungsstil) helfen. Ein solches Glaubensbekenntnis stärkt sie in ihrer Beziehung zu Jesus und erlaubt ihnen, etwas in ihrem Herzen zu rezitieren, wenn sie mit anderen Muslimen zusammen sind, ohne dabei Jesus zu verleugnen.

> ➤ *Ist es mir noch erlaubt, in islamischen Formen zu beten? Ist es mir noch erlaubt, in die Moschee zu gehen? Ist es mir noch erlaubt zu fasten?*

- Vertikale Bewertung anstelle von horizontaler Bewertung

Leider bewerten wir die Echtheit eines Gläubigen oftmals nach seinen äußeren Tätigkeiten: Betet oder fastet die Person noch, oder geht die Person noch in die Moschee und so weiter? Diese Frage ist zwar nicht grundsätzlich falsch und kann oftmals auch einiges aussagen. Dennoch gibt es wichtigere Fragen, nämlich:

- Liebt der Gläubige Jesus?

- Sind die Früchte des Heiligen Geistes in seinem Leben sichtbar?

- Liest er in der Bibel?

- Betet er zu Gott im Namen Jesus?

- Teilt er das neue Leben in Worten und Taten mit anderen Menschen?

Es gilt also, den Gläubigen nicht nach seinen äußeren Taten zu beurteilen, sondern nach der Qualität des geistlichen Lebens, das in ihm begonnen hat. Gott schaut zuerst aufs Herz und nicht auf das Äußere. Er will vor allem anderen „im Geist und in der Wahrheit" angebetet werden, wo immer das auch geschehen mag.

- Das Prinzip von Matthäus 10:33

Oftmals ist es gut, mit einem Gläubigen zusammen im Wort Gottes nach Antworten zu suchen, da es gerade auf die obengenannten Fragen nicht einfach nur ein Ja oder ein Nein gibt. Ein gutes Beispiel ist Matthäus 10:33:

Wer mich aber verleugnet vor den Menschen, den will ich auch verleugnen vor meinem himmlischen Vater.

Was bedeutet dieser Vers für einen neuen Gläubigen?

- Für einige bedeutet dies, dass sie auf keinen Fall mehr beten, fasten und in die Moschee gehen werden, da sie in ihrem Verständnis dadurch Jesus verleugnen würden. Dies trifft vor allem auf Leute zu, die schon vorher nicht allzu stark im Islam verwurzelt waren.

- Für andere bedeutet dies, dass sie vorerst weiterhin rituell beten und in die Moschee gehen, da sie in ihrem Verständnis dadurch Jesus nicht verleugnen. Praktisch bedeutet dies, dass sie von nun an zwar die äußerlichen islamischen Formen beibehalten, nun aber im Geist und in der Wahrheit und im Namen Jesu zu Gott kommen. Die Praxis des Fastens führen sie auch noch weiter, aber sie fasten nicht mehr, um mehr gute Werke zu erhalten, sondern um Gott für die bereits erhaltene Vergebung in Jesus zu danken. In die Moschee gehen sie noch, um nicht sofort von der gesamten Gesellschaft ausgeschlossen zu werden, was sie natürlich auch daran hindern würde, die gute Botschaft von Jesus zu teilen.

- Die Motivation ist ausschlaggebend

Ist die Motivation des Gläubigen, Jesus nachzufolgen und ihn unter seinen Freunden und Verwandten bekanntzumachen, dann ist es in Ordnung, wenn er die fünf Säulen vorerst weiterhin praktiziert, natürlich wie oben erwähnt ohne Dinge zu sagen oder zu machen, welche er in seinem Herzen nicht glaubt.

Wenn die Motivation des Gläubigen aber die Angst ist, in seinem Glauben entdeckt zu werden, ist die Motivation falsch, und der neue Gläubige steht in Gefahr, dass sein begonnenes geistliches Leben schon bald wieder sterben wird.

- Die Frage nach der Ehre

In vielen Fällen entehrt ein junger Mensch seine Familie, wenn er nicht mehr betet oder fastet, was einer Entehrung der gesamten Familie gleichkommt. In solchen Fällen sollte der neue Gläubige diese Dinge weiterhin praktizieren mit dem Ziel, seiner Familie und seinen Freunden durch Taten und Worte die gute Botschaft von Jesus weiterzugeben.

- Aus Gründen von Missverständnissen

Viele Muslime denken, dass Christen nie beten oder fasten. Wenn nun ein Muslime Jesus nachzufolgen beginnt und darum sofort aufhört zu beten, zu fasten und in die Moschee zu gehen, kann dies sein Umfeld bestärken und direkt zu Verfolgung führen. Um solche Missverständnisse zu verhindern ist es gut, wenn ein neuer Gläubiger aus islamischem Hintergrund weiterhin als Mensch des Gebets und Fastens bekannt ist. Wie sich das genau in seinem Leben zeigen wird, hängt von der jeweiligen Situation an. Er muss und soll aber als Mensch Gottes leben, der betet und fastet und ein heiliges Leben lebt. Dieses Zeugnis zusammen mit dem geteilten Wort wird kraftvoll sein.

- Schwierigkeiten sind normal

Der Gläubige muss sich bewusst sein, dass Schwierigkeiten Teil der Nachfolge Jesu sind. Wenn Jesus verfolgt, geschlagen und getötet wurde, dann werden auch seine Nachfolger zum Teil ähnliche Dinge zu erleiden haben. Es ist aber wichtig, dass der neue Gläubige versteht, dass er nicht wegen dem „Verraten seiner Kultur" oder wegen dem „Übertritt in die westliche Kultur" zu leiden braucht. Er sollte nur um seines Glaubens an Jesus leiden müssen und nicht wegen anderer Dinge (siehe Kapitel 9.3.).

- Erfahrungen der letzten Jahre

Viele Gläubige hören nach einer gewissen Zeit auf, die islamischen Praktiken auszuleben. Dies kann nach einigen Wochen, nach einigen Monaten oder auch nach einigen Jahren geschehen. Da während dieser Zeit ihr Leben oftmals eine starke positive Veränderung gezeigt hat, ist die Verfolgungsgefahr kleiner. Weiterhin ist das Leben des Gläubigen ein starkes Zeugnis für seine Verwandten und zeigt ihnen, was es heißt, Jesus nachzufolgen. In manchen Fällen praktizierten Gläubige weiterhin die fünf Säulen und führten dabei andere Menschen zu Jesus.

Fazit: Gläubige brauchen in diesen Fragen unsere Hilfe. Die Antworten müssen gemeinsam mit ihnen im Licht der Bibel gesucht werden und sie müssen unter der Leitung des Heiligen Geistes gangbare Wege finden. Entscheidend ist die

Herzenshaltung des Gläubigen und nicht seine äußerlichen Praktiken. Entscheidend ist nicht, ob er „in Samaria oder in Jerusalem" Gott anbetet, sondern dass er dies „in Geist und in Wahrheit" tut.

9.3. Die gottgegebene Identität nicht verlassen

Neugläubige sollten ermutigt werden, ihre gottgegebene Identität nicht zu verlassen. Ein vertieftes Studium des Neuen Testamentes zeigt, dass Neugläubige ihre ursprüngliche Identität nicht verlassen mussten, um Jesus nachzufolgen. Jesus zeigte der Samariterin in Johannes 4, dass es Gott um echte Anbetung „im Geist und in der Wahrheit" (Joh. 4:23) geht und nicht, ob diese Anbetung in Jerusalem oder Samaria geschieht. Sie durfte Samariterin bleiben, sollte Gott aber in Wahrheit anbeten. Der römische Zenturio Kornelius musste sich nicht erst beschneiden lassen, um Jesus nachzufolgen (Apg. 10). Paulus macht den Korinthern klar, dass alle in dem Status, das heißt in der Identität bleiben sollen, die sie vor ihrer Entscheidung, Jesus nachzufolgen, hatten:

> *Nur soll jeder so leben, wie der Herr es ihm zugemessen, wie Gott einen jeden berufen hat. Und so ordne ich es an in allen Gemeinden. Ist jemand als Beschnittener berufen, der bleibe bei der Beschneidung. Ist jemand als Unbeschnittener berufen, der lasse sich nicht beschneiden. Beschnitten sein ist nichts, und unbeschnitten sein ist nichts, sondern: Gottes Gebote halten. Jeder bleibe in der Berufung, in der er berufen wurde... Liebe Brüder, ein jeder bleibe vor Gott, worin er berufen ist.*
> 1. Korinther 7:17-20.24

Ein Nachfolger Jesu hat also sein sozioreligiöses Umfeld nicht zu verlassen – er soll es vielmehr erlösen! Viele Muslime haben eine sehr starke sozioreligiös-kulturelle Identität: Araber zu sein heißt, Muslim zu sein. Malaie zu sein heißt, Muslim zu sein. Christ zu werden würde bedeuten, nicht mehr Araber oder Malaie sein zu dürfen. Die Gute Nachricht ist: Sie dürfen, ja sie sollen Araber oder Malaie oder Türke oder Kosovo-Albaner bleiben dürfen und Jesus nachfolgen! Anstatt „Christen" im westlich-kulturellen Sinn zu werden, dürfen sie in ihrer kulturellen Identität bleiben und ihr gottgegebenes Umfeld wie Sauerteig von innen her verändern.

Vergessen Sie nicht, dass die sozioreligiöse Geburt von Gott bestimmt ist:

> *Gott... hat festgesetzt, wie lange sie bestehen und in welchen Grenzen sie wohnen sollen, damit sie Gott suchen sollen, ob sie ihn wohl fühlen und finden könnten; und fürwahr, er ist nicht ferne von einem jeden unter uns...*
> Apostelgeschichte 17:24-28

Ein Neugläubiger hat nun zusätzlich zu dieser kulturellen auch noch eine geistliche Identität in Jesus Christus. Wenn das Evangelium in ein Leben eingepflanzt wird, entsteht eine neue geistliche Identität, die zwar die soziokulturelle Identität verändert, nicht aber ersetzt.

Je mehr wir Neugläubige dazu ermutigen, in ihrem gottgegebenen Umfeld zu bleiben, desto weniger werden sie von ihrem Umfeld als Gefahr, Verräter, Abtrünniger und anderes mehr wahrgenommen, und desto mehr können sie ihren neuen, gottgegebenen Auftrag wahrnehmen, ihre Familien und ihr Volk zu segnen. Denn wenn Neugläubige von ihren Familien getrennt werden, wie können sie sie dann noch segnen?

Angesichts der großen Vision Gottes, alle Familien und Völker zu segnen, wäre das Ziel, ein paar einzelne Muslime von ihrem Umfeld abgetrennt in die Nachfolge Jesu einzuladen ganz einfach zu wenig. Das Ziel unserer Arbeit kann nur sein, Neugläubige in ihrem Kontext zu halten, um diesen durch das Evangelium zu segnen und näher zum Erlöser zu bringen.

Um dieses Ziel zu erreichen, müssen wir unbedingt vermeiden, Neugläubige zu „christianisieren". Sie müssen nicht Christen werden, um Jesus nachzufolgen – genauso wenig wie griechische Neugläubige Juden werden mussten, um Jesus nachzufolgen (siehe Apg. 15). Unsere Aufgabe ist, sie in die Nachfolge Jesu einzuladen und dann diesen neugefundenen Glauben in ihrem jeweiligen sozialen, kulturellen und religiösen Umfeld umzusetzen – wenn wir mehr tun, haben wir zu viel getan!

9.4. Schwierigkeiten überwinden

Jesus hat seinen Nachfolgern nie ein einfaches oder bequemes Leben versprochen. Wir sollten darum nie überrascht sein, wenn wir als Nachfolger Jesu Schwierigkeiten zu überwinden haben.

Jesus warnte seine Jünger:

> *Selig seid ihr, wenn euch die Menschen um meinetwillen schmähen und verfolgen und reden allerlei Übles gegen euch, wenn sie damit lügen. Seid fröhlich und getrost; es wird euch im Himmel reichlich belohnt werden. Denn ebenso haben sie verfolgt die Propheten, die vor euch gewesen sind.*
> Matthäus 5:11-12

Auch Paulus wusste um die Wichtigkeit, Neugläubige auf Schwierigkeiten vorzubereiten:

> *(Paulus und Barnabas) stärkten die Seelen der Jünger und ermahnten sie, im*

Glauben zu bleiben, und sagten: Wir müssen durch viele Bedrängnisse in das Reich Gottes eingehen.
Apostelgeschichte 14:22

Und alle, die fromm leben wollen in Christus Jesus, müssen Verfolgung erleiden.
2. Timotheus 3:12

Die Frage, die sich uns stellt, ist also nicht, ob Schwierigkeiten kommen werden oder nicht, sondern viel eher: Wie überwinden wir diese Schwierigkeiten? – Denn kommen werden sie auf jeden Fall.

➤ *Ihnen zeigen, dass Schwierigkeiten normal und biblisch sind (siehe vorhergehender Abschnitt)*

➤ *Sie ermutigen, durchzuhalten*

Ihnen zeigen, dass nichts im Leben wichtiger sein kann, als Jesus nachzufolgen:

Wer Vater oder Mutter mehr liebt als mich, der ist meiner nicht wert; und wer Sohn und Tochter mehr liebt als mich, der ist meiner nicht wert. Und wer nicht sein Kreuz auf sich nimmt und folgt mir nach, der ist meiner nicht wert. Wer sein Leben findet, der wird's verlieren und wer sein Leben verliert um meinetwillen, der wird's finden.
Matthäus 10:37-39

Jedes Mal, wenn sie um des Namens Jesu leiden, wird ihre Belohnung im Himmel größer (Mt. 5:11-12). Eine besondere Ermutigung zum Durchhalten wird ihnen sein, andere Gläubige aus muslimischem Hintergrund zu kennen, insbesondere aus dem gleichen soziokulturellen Umfeld.

➤ *Sie durch Fasten und Gebet umgeben*

Mit ihnen und für sie beten und Gebet für sie mobilisieren (vgl. Kol. 1:9: „Wir hören nicht auf...").

➤ *Ein zusätzliches soziales Umfeld für sie schaffen*

Wie wir in Abschnitt 5.1. gesehen haben, besteht das soziale Umfeld eines Muslims aus den drei Ebenen nukleare Familie, erweiterte Familie und Umma. Dieses Umfeld, diese Identität soll er nicht verlassen – vielmehr sollen wir darauf hinarbeiten, innerhalb dieses gottgegebenen Umfelds ein zusätzliches geistlichsoziales Umfeld zu schaffen, bestehend wiederum aus drei Ebenen:

- Ein vertrauter Freund: Diese Person ist dem Neugläubigen sehr nahe und wird ihm vertraut wie die nukleare Familie. Häufig ist diese vertraute Person bereits ein rechtes Stück Weg mit dem Neugläubigen gegangen, gegebenenfalls bereits vor seiner Entscheidung, Jesus nachzufolgen.

Wenn es trotz allen Vorkehrungen für den Neugläubigen nicht möglich ist, in seinem ursprünglichen Umfeld zu bleiben, ersetzt dieser vertraute Freund die nukleare Familie und erfüllt dadurch die Verheißung Jesu in Matthäus 10:29-30 und 12:48-50. In diesem extremen Fall von harscher Verfolgung kann nichts diese Zugehörigkeit zu einer Familie ersetzen. Die meisten Gläubigen aus muslimischem Hintergrund, die wieder zurück zu ihrer alten Religion gehen, tun dies nicht aus theologischen, sondern aus sozialen Gründen – ihnen fehlte ganz einfach die soziale Zugehörigkeit. Ihm Familie werden heißt nicht, unter dem gleichen Dach zu wohnen – aber es heißt, ihm nahe zu werden wie eine nukleare Familie.

- Eine Glaubensgemeinschaft: wenn immer möglich mit anderen Gliedern aus seinem soziokulturellen Umfeld (nukleare oder erweiterte Familie).

Diese Glaubensgemeinschaft soll ihm vertraut sein wie die erweiterte Familie, hier soll er sich entspannen können, hier soll er Freunde haben, hier soll er sich sowohl sozial wie auch kulturell wohl fühlen. Die Gottesdienste einer traditionell westlich-evangelikalen Gemeinde sind hier nicht der geeignete Ort. Treffen und Gemeinschaft in der kleinen Gruppe Gleichgesinnter aus dem gleichen Umfeld werden hingegen für ihn eine große Ermutigung sein.

- Der Leib Jesu: Der Neugläubige darf wissen, dass er jetzt Teil der großen, weltweiten Familie Gottes ist. Dieses Gefühl der Zugehörigkeit zu einem weltweiten Organismus soll ihm Sicherheit und Rückhalt geben wie die Umma.

Auf der sozialen Ebene sollte der Neugläubige durch drei soziale Gruppen umgeben werden, im folgenden Schema durch drei Kreise dargestellt:

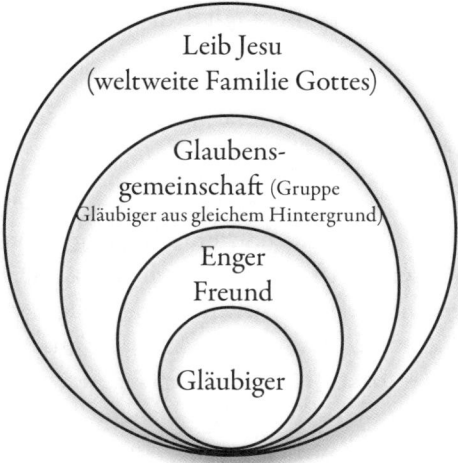

Schema 16: Das geistlich-soziale Umfeld des Neugläubigen

➤ *Einen „Plan B" bereit halten*

Manchmal ist es trotz aller kulturellen Feinfühligkeit, trotz allen Gebeten und trotz allen Vorsichtsmaßnahmen für den Neugläubigen nicht möglich, in seiner Familie zu bleiben. Auch für diesen Fall sollten Sie als Mitarbeiter vorbereitet sein:

- Vermeiden Sie wirtschaftliche Abhängigkeiten. Wenn der Neugläubige wirklich in einer finanziellen Notsituation ist, behandeln Sie ihn wie einen Sohn und nicht wie einen Bettler.

- Wenn er seinen Arbeitsplatz wegen seinem Glauben verloren hat, setzen Sie alles daran, dass er wieder einen Arbeitsplatz findet. Beten und fasten Sie mit ihm, suchen Sie mit ihm eine Lösung.

- Wenn sein Leben wirklich in Gefahr ist, muss er gegebenenfalls für eine Zeit an einem anderen Ort leben. Dieser Ort sollte aber sowohl geografisch wie auch kulturell so nahe an seinem Ursprungsort sein wie irgendwie möglich. Der Neugläubige muss verstehen, dass es sich hier nur um eine kurzzeitige, provisorische Lösung handelt, und dass von ihm erwartet wird, so bald wie möglich zu seiner Familie zurückzukehren. Die Erfahrung zeigt, dass diese Art Verfolgung häufig nur von relativ kurzer Dauer ist und eine Re-Integration in den meisten Fällen später wieder möglich ist – und darum auch angestrebt werden sollte.

- Ermutigen Sie ihn, das Böse mit dem Guten zu überwinden (vgl. Röm. 12:21).

> *Sie dazu ermutigen, ihren Familien und ihrem sozialen Netzwerk gegenüber besonders loyal und liebend zu sein*

In einer ersten Phase kann es wichtiger sein, wortlos dem Rat des Petrus zu folgen, der sagte: „... mit Sanftmut und Ehrerbietung, habt ein gutes Gewissen" (1. Petr. 3:15-16). Das soziale Umfeld sollte sehen, dass der Charakter des Neugläubigen verändert wurde, dass er liebender, geduldiger, fröhlicher, demütiger geworden ist, und dadurch zu Jesus hingezogen werden. Auch wenn zu Beginn nicht viel Offenheit oder sogar Ablehnung vorhanden sein sollte – wenn der Neugläubige ein vorbildlicher, loyaler, liebender Ehemann, Sohn, Bruder, Vater und so weiter ist, wird die Familie ihn nicht ausstoßen. Im Gegenteil: Wie Sauerteig wird er das ganze Netzwerk mit dem Königreich Gottes durchsäuern und langsam zu Jesus hinziehen.

> *Ermutigen Sie gläubige Frauen zu besonderer Geduld und Loyalität*

Die Situation von Kindern und Frauen kann besonders schwierig sein, wenn deren Eltern, respektive Ehemänner, noch nicht in der Nachfolge Jesu sind. Meistens haben Frauen und Kinder in der islamischen Kultur keine religiösen Rechte.

Dazu einige Gedanken:

- Ermutigen Sie sie, ihren Eltern oder Ehemännern gegenüber loyal zu sein. Gemäß der biblischen Lehre in 1. Korinther 7:12-16 soll der gläubige Ehepartner in keinem Fall die Scheidung suchen.

- Lehren Sie sie, ihre Eltern oder Ehemänner „ohne Wort durch den Wandel" (1. Petr. 3:1-2) zu gewinnen. Sie sollen ruhig und still in der Nachfolge Jesu stehen, gehorsamere Kinder als je zuvor, respektive loyalere Frauen als je zuvor sein und dadurch ein stilles Zeugnis des Evangeliums sein.

- Gläubige Männer sollen bewusst den Kontakt zu den Ehemännern gläubiger Frauen suchen und Evangeliumssaat streuen. Gläubige Frauen sollen die Frauen besuchen.

9.5. Acht Dinge, die Sie vermeiden sollten

> *Provozieren Sie nicht Schwierigkeiten.* Es gibt Schwierigkeiten, die erfolgen

müssen – es gibt aber auch Schwierigkeiten, die wir provozieren. Beispiele dafür sind: Wenn wir von ihnen verlangen, ihre soziokulturelle Identität zu verlassen; wenn wir ihrer Kultur gegenüber nicht feinfühlig sind; wenn wir indiskret sind.

➤ *Exponieren Sie den Neugläubigen nicht durch einen „Heldengötzendienst".* Manchmal haben gutmeinende Christen Neugläubige aus muslimischem Hintergrund zu sehr ins Rampenlicht gestellt und sie in der Öffentlichkeit bloßgestellt, was dann in den meisten Fällen zu negativen Resultaten führte.

➤ *Stecken Sie ihn nicht vorschnell in eine Bibelschule.* Lassen Sie ihm vielmehr die Zeit, in seinem Kontext zu wachsen und zu reifen, lassen Sie eine Berufung und persönliche Vision in ihm heranreifen. Eine nebenberufliche Weiterbildung ist einer vollzeitlichen Bibelschule in den meisten Fällen vorzuziehen.

➤ *Schaffen Sie keine wirtschaftlichen Abhängigkeiten.* Sein Umfeld wird darauf gegebenenfalls sehr sensibel reagieren und Sie der Korruption beschuldigen. Wenn Sie wirtschaftlich helfen, dann nur punktuell und eher auf der Ebene von Startkapital.

➤ *Versprechen Sie nichts, das Sie nicht später auch einhalten können.* Kleine Entmutigungen wie uneingehaltene Versprechen können später zu großen Frustrationen führen.

➤ *Lösen Sie ihn auf keinen Fall aus seinem soziokulturellen Umfeld.* Davon war im Abschnitt 9.2. bereits die Rede. Auch wenn Schwierigkeiten mit der Familie und der Umma auftreten, ist die ideale Lösung für ihn nicht, sich ins Ausland abzusetzen (und nie mehr zurückzukommen), sondern in Glauben und Loyalität auszuharren mit dem einen Ziel, sein soziokulturelles Umfeld zu segnen – auch wenn sie diesen Segen zu Beginn nicht wollen...

➤ *Denken Sie nicht, er habe schon alles verstanden.* Auch wenn er die korrekte Terminologie benutzt, heißt das noch lange nicht, dass er mit den Wörtern die korrekten Konzepte verbindet. Es wird lange Zeit brauchen, um echte geistliche Reife zu erlangen.

➤ *Unterschätzen Sie die geistlichen Kräfte nicht.* Besonders in volkislamischen Kontexten wird viel mit okkulten Praktiken gearbeitet. Hier muss der Neugläubige mit den biblischen Schutzmechanismen vertraut sein und lernen, furchtlos zu sein. Er muss auch einige apologetische Grundlagen haben, um auf schwierige Fragen von anderen Muslimen kompetent antworten zu können.

9.6. Vermitteln Sie gesunde Lehre

Der Unterricht der Gläubigen ist uns befohlen:

> *... Und lehret sie halten alles, was ich euch befohlen habe.*
> Matthäus 28:20

> *Und was du von mir gehört hast vor vielen Zeugen, das befiehl treuen Menschen an, die tüchtig sind, auch andere zu lehren.*
> 2. Timotheus 2:2

Jüngerschaft beinhaltet die folgenden Dimensionen:

➤ Wachstum in der vertikalen Beziehung:

- Seine persönliche Beziehung zu Gott leben (Gottes Stimme hören, beten, gehorchen etc.)
- Persönliche Heiligung

➤ Wachstum in den horizontalen Beziehungen:

- Ein loyales, freundliches, treues Glied der Gesellschaft sein
- Ein loyales, freundliches, treues Mitglied einer Glaubensgemeinschaft sein

Lehre hat grundsätzlich die folgenden drei Dimensionen:

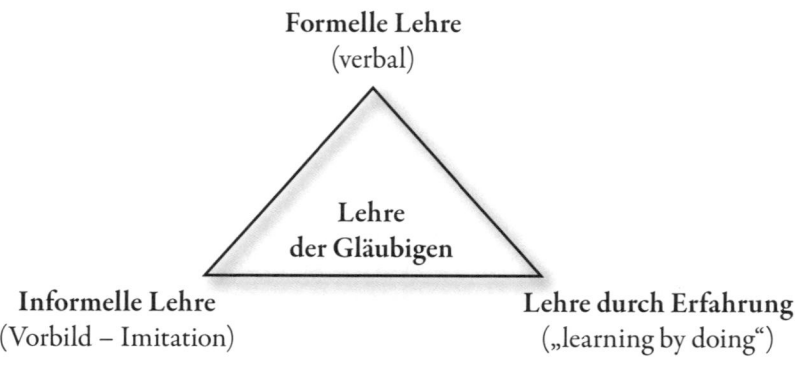

Schema 17: Die drei Dimensionen der Lehre

Mitarbeiter aus westlichen Kulturen haben die Tendenz, die formelle Dimension überzubetonen. Lehre durch unser Vorbild und insbesondere Lehre durch seine eigene Erfahrung sind aber mindestens ebenso wichtige Dimensionen einer effektiven Lernerfahrung.

Die grundlegenden Ziele der Lehre sind:

> ➤ Leben als gehorsamer Nachfolger Jesu, indem er selber Gute Nachricht ist und ausstrahlt.

- Gott von ganzem Herzen lieben

- Ein Mann, eine Frau des Wortes werden

- Ein verändertes Leben leben

- Andere lieben

> ➤ Jesus zu anderen und andere zu Jesus bringen – sein soziales Umfeld mit dem Evangelium durchsäuern.

> ➤ Andere Neugläubige lehren.

Neugläubige müssen in erster Linie verstehen, dass sie nicht nur dazu eingeladen wurden, das Heilsangebot Jesu anzunehmen, sondern Gott durch radikalen Gehorsam zu verherrlichen.

Jesus hat uns zwar befohlen, alles zu unterrichten – das heißt aber nicht, dass wir alles gerade zu Beginn oder alles gleichzeitig unterrichten sollten. Wir sollten bedürfnisorientiert unterrichten, gemeinsam in der Schrift auf seine Fragen Antworten suchen. Dabei geht es nicht um die Akkumulierung von Wissen, sondern um ein verändertes, geheiligtes Leben. Biblische Lehre will ebenso gelebt wie verstanden sein!

Verkündigung des Evangeliums, die große Einladung wie auch die Lehre von Neugläubigen geschieht am Effektivsten im Kreise eines Oikos, im Kontext vertrauter Beziehungen, wo eine kleine (oder auch größere) Gruppe von Gläubigen gemeinsam nach der Anwendung und Umsetzung des Gelernten sucht und sich darin auch unterstützen kann.

In der Apostelgeschichte lesen wir von täglichen Treffen (Apg. 2:46) – auch wenn dies in Ihrem Kontext nicht möglich sein sollte, ist doch eine gewisse Regelmäßigkeit und Häufigkeit (mindestens wöchentlich) sehr wichtig.

Besonders wichtig für Gläubige aus muslimischem Hintergrund ist der Wechsel von einer äußeren Religion zu einer persönlichen Beziehung mit dem Vatergott, eine Kindes-, nicht eine Sklavenbeziehung, durch den Glauben, nicht durch Werke, aus Liebe, nicht aus Furcht. Er darf auch lernen, dass ein Nachfolger Jesu nicht nur durch äußere Performance, sondern auch durch seine Gedanken und Motive des Herzens gekennzeichnet ist. Der innewohnende Heilige Geist ist für ihn ein gänzlich neues und erst unverständliches Konzept.

Die effektivste Art der Lehre ist die induktive Methode. Bei der induktiven Methode ist der eigentliche Lehrer der biblische Text selber und nicht ein menschliches Element. Auf diese Art lernt der Neugläubige von Beginn weg, dass er Antworten auf seine Fragen direkt aus dem Wort Gottes ableiten kann und darf.

Hier eine praktische Art, wie dies gemacht werden kann: Ermutigen Sie ihn, in ein Notizheft drei Kolonnen zu machen:

Das Wort Gottes: Schreiben Sie die Verse Wort für Wort ab	Bedeutung: Schreiben Sie jeden Vers in Ihren eigenen Worten	Anwendung: Schreiben Sie auf, wie Sie jedem Vers gehorchen wollen

Tabelle 18: Beispiel eines induktiven Bibelstudiums

Besonders effektiv ist die induktive Methode, wenn sie als Gruppe oder in einer Glaubensgemeinschaft durchgeführt wird. Wenn jeder Teilnehmer die drei Kolonnen für einen bestimmten Abschnitt abgeschlossen hat, kommt die Gruppe zusammen und jeder teilt den anderen mit, was er gelernt hat und wie er es umsetzen will. Die Gruppe kann dann gemeinsam Gehorsamsschritte beschließen.

Das wichtigste Element im Jüngerschaftsprozess ist Gebet und Fürbitte. Vor den Treffen, während den Treffen, nach den Treffen, beten Sie! Der wahre Lehrer ist der Heilige Geist. Niemand ist an der geistlichen Entwicklung der Gläubigen mehr interessiert als der Herr selber – bitten Sie ihn darum!

9.7. Umgang mit okkulten Praktiken

Früher oder später wird sich die Frage nach okkulten Praktiken und der Freiheit in Jesus stellen. Dazu hier einige Hinweise:

➤ *Gott ist Licht, in ihm ist keine Finsternis*

Gott ist gut und perfekt, in ihm gibt es keine Falschheit und nichts Böses:

Und dies ist die Botschaft, die wir von ihm gehört haben und euch verkündigen: dass Gott Licht ist und gar keine Finsternis in ihm ist.
1. Johannes 1:5

Wir können nicht zwei Herren dienen: Entweder dienen wir Gott, der vollkommenes Licht ist, oder wir dienen weiterhin der Finsternis und damit Satan. Gottes Wort sagt, dass wir kein Bildnis und keine Götzenfiguren machen sollen, dass wir auch nicht auf okkulte Schutzmechanismen vertrauen sollen (Talismane, magische Sprüche etc.), da Gott ein eifersüchtiger Gott ist. Niemand soll sein Vertrauen in etwas anderes setzen als in Gott alleine.

➤ *Gott hat in Jesus alle finsteren Mächte besiegt*

Als er ausgetilgt die uns entgegenstehende Handschrift in Satzungen, die wider uns war, hat er sie auch aus der Mitte weggenommen, indem er sie an das Kreuz nagelte; als er die Fürstentümer und die Gewalten ausgezogen hatte, stellte er sie öffentlich zur Schau, indem er durch dasselbe über sie einen Triumph hielt.
Kolosser 2:14-15

Alle finsteren Mächte wurden von Gott durch den Tod Jesu besiegt. Durch den Heiligen Geist, der in uns wohnt, sind wir Gottes Kinder und daher stehen wir unter dem Schutz des allmächtigen Gottes. Weder böse Mächte, noch Flüche, noch irgend etwas anderes in der sichtbaren oder unsichtbaren Welt können uns etwas anhaben:

Denn ich bin überzeugt, dass weder Tod noch Leben, weder Engel noch Fürstentümer, weder Gegenwärtiges noch Zukünftiges, noch Gewalten, weder Höhe noch Tiefe, noch irgend ein anderes Geschöpf uns zu scheiden vermögen wird von der Liebe Gottes, die in Christo Jesu ist, unserem Herrn.
Römer 8:38-39

➤ *Praktische Schritte zur Freiheit:*

- Bekenne, dass Du gegen Gottes Gebot „keine anderen Götter zu haben" verstoßen hast

- Erhalte Vergebung im Namen Jesus

- Wende Dich ab von allen okkulten Praktiken

- Widerstehe dem Teufel und wende Dich ab von ihm

- Die Kraft des Blutes Jesu macht Dich frei von allen Bindungen

- Zerstöre alle Talismane, okkulten Verse, andere okkulte Gegenstände oder Praktiken in Deinem Leben

- Lass Jesus Herr über alle Bereiche Deines Lebens sein und bitte Gott, Dich völlig mit dem Heiligen Geist zu erfüllen (vgl. Eph. 5:18)

Wir folgen dadurch den Gläubigen in der Apostelgeschichte, die ihre okkulten Bücher verbrannten und sich so von allem Okkulten trennten:

Viele aber von denen, die gläubig geworden waren, kamen und bekannten und verkündigten ihre Taten. Viele aber von denen, welche vorwitzige Künste getrieben hatten, trugen die Bücher zusammen und verbrannten sie vor allen; und sie berechneten den Wert derselben und fanden ihn zu fünfzigtausend Stück Silber. Also wuchs das Wort des Herrn mit Macht und nahm überhand.
Apostelgeschichte 19:18-20

Fazit: Wer Jesus nachfolgt, dem kann weder in der sichtbaren noch in der unsichtbaren Welt etwas schaden, weder auf der Ebene seiner Seele noch auf der Ebene seines Geistes. Andere Menschen können uns zwar verfolgen, aber sie können uns nie von der Liebe Gottes in Jesus Christus trennen.

9.8. Die Wassertaufe

Die Taufe ist oft ein letzter und definitiver Schritt eines langen Prozesses mit vielen Phasen und Schritten. Der Gläubige braucht die Leitung des Heiligen Geistes, um zu wissen, wie und wann er sich taufen lassen soll.

Die Erfahrung hat gezeigt, dass gerade weil die Taufe ein so wichtiger Schritt ist, diese von Schwierigkeiten begleitet sein kann. Gerade darum sollte ein Gläubiger wirklich ein entschiedener Nachfolger sein, wenn er sich taufen lassen will (d.h. nicht, dass er bereits lange im Glauben gewesen sein muss oder viel Kenntnis haben sollte – aber er sollte total engagiert sein).

Der Zeitpunkt der Taufe ist nicht an sich wichtig. Wesentlicher ist, dass der Gläubige gesunde und regelmäßige Lehre erhält und dass er teil einer vertrauten und kulturell integrierten Glaubensgemeinschaft ist.

Der Ort der Taufe muss vorsichtig geplant werden. Ein diskreter oder halböffentlicher Ort ist einem ganz öffentlichen vorzuziehen. Die Taufe sollte nicht

publik gemacht werden. Ideal ist, wenn die Taufe im Rahmen der Glaubensgemeinschaft, bestehend aus Gläubigen des gleichen soziokulturellen Hintergrunds
oder sogar des gleichen Oikos, stattfindet. Nur wer die Implikationen einer Taufe
wirklich versteht, sollte daran teilnehmen, um nicht unnötige Aufmerksamkeit,
respektive unnötige Schwierigkeiten zu provozieren.

Aus legalen Gründen brauchen Minderjährige und Ehefrauen die Erlaubnis
ihrer Eltern, respektive Ehemännern. Wenn sie um Erlaubnis fragen, zeigen sie
ihnen dadurch, dass sie gehorsam sind und integraler Teil ihrer Familien bleiben
wollen. Wenn ihnen die Erlaubnis nicht erteilt wird, werden sie sich unterordnen
und ihr Leben als Nachfolger Jesu in aller Demut und Geduld weiterleben in der
Hoffnung, dass die Situation eines Tages ändern wird.

Viele Muslime sind polygam. Nichts spricht gegen die Taufe eines Polygamen.
Im Idealfall werden seine Frauen mit ihm getauft, und dieser große Oikos kann
die Grundlage einer neuen Glaubensgemeinschaft bilden. Der Polygame darf an
allen Aktivitäten der Glaubensgemeinschaft teilnehmen, auch am Abendmahl, er
entspricht jedoch nicht den biblischen Anforderungen an einen Leiter. Trotzdem
sollten Scheidungen nicht in Betracht gezogen werden. Anstatt sich von seiner
zweiten Frau scheiden zu lassen, sollte er ein guter Ehemann sein und daraufhin
arbeiten, Jesus auch in ihr Leben zu bringen.

Der kommunale Aspekt der Taufe kann nicht genug betont werden. Wer sich
taufen lässt, wird in den Leib Jesu getauft. Dem Gläubigen soll bewusst sein, dass
in Jesus alle Menschen gleich sind und alle Barrieren zu anderen Kulturen und
Gesellschaften gefallen sind (Gal. 3:28).

Kapitel 10

Glaubensgemeinschaften einpflanzen

Die natürliche Folge des vorgängigen Kapitels ist das Einpflanzen von Glaubensgemeinschaften in allen Völkern der Welt. Wenn Nachfolger Jesu den vierten Schritt im Zyklus der Verkündigung erreicht haben, die Teilnahme, werden sie sich mit Gleichgesinnten regelmäßig treffen wollen, um Gemeinschaft im Glauben zu haben, oder eben anders ausgedrückt: um Glaubensgemeinschaften einzupflanzen.

Das Ziel unserer Arbeit ist nicht erreicht, wenn ein paar Einzelne oder auch viele Einzelne eines bestimmten Kulturkreises Jesus nachfolgen. Das Ziel ist erst erreicht, wenn viele sich selber multiplizierende Glaubensgemeinschaften fest in der entsprechenden Volksgruppe eingepflanzt sind.

Um Glaubensgemeinschaften einzupflanzen, sind drei grundlegende Aktivitäten mit drei verschiedenen Kategorien von Menschen nötig:

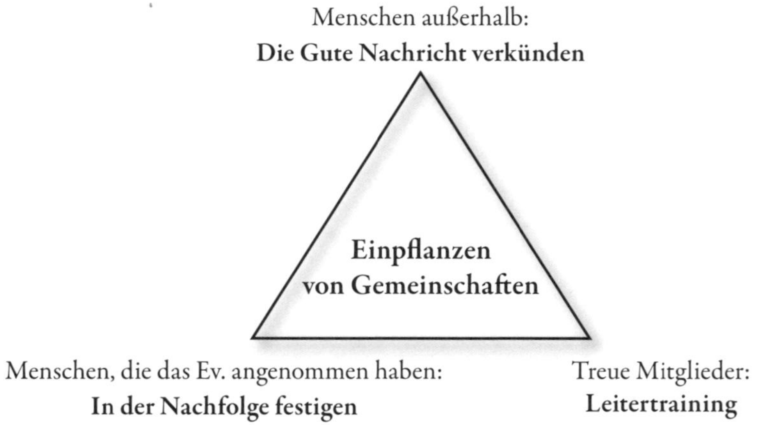

Menschen außerhalb:
Die Gute Nachricht verkünden

Einpflanzen von Gemeinschaften

Menschen, die das Ev. angenommen haben:
In der Nachfolge festigen

Treue Mitglieder:
Leitertraining

Schema 19: Einpflanzen neuer Gemeinschaften: drei grundlegende Aktivitäten

10.1. Eine biblische Definition

Bevor wir vom Einpflanzen neuer Glaubensgemeinschaften sprechen können, müssen wir uns bewusst werden, was genau wir einpflanzen wollen. Mit anderen Worten: Wir müssen zuerst eine biblische Definition erarbeiten. Dann werden wir sehen, welche Formen empfehlenswert oder möglich sind.

Die biblische Definition von Glaubensgemeinschaften bringt uns zurück zu unserem Anfangspunkt: die Familie. Biblische Gemeinschaften sind familienorientiert: Sie treffen sich in Häusern als erweiterter Oikos.

➤ Jesus selber lehrte häufig in Häusern:

Als sie aber weiterzogen, kam er in ein Dorf. Da war eine Frau mit Namen Marta, die nahm ihn auf.
Lukas 10:38

Es bat ihn aber einer der Pharisäer, bei ihm zu essen. Und er ging hinein in das Haus des Pharisäers und setzte sich zu Tisch.
Lukas 7:36

Der (Nikodemus) kam zu Jesus bei Nacht und sprach zu ihm: Meister, wir wissen, du bist ein Lehrer, von Gott gekommen; denn niemand kann die Zeichen tun, die du tust, es sei denn Gott mit ihm.
Johannes 3:2

➤ Die Apostel lehrten häufig in Häusern:

Und sie hörten nicht auf, alle Tage im Tempel und hier und dort in den Häusern zu lehren und zu predigen das Evangelium von Jesus Christus.
Apostelgeschichte 5:42

➤ Die ersten Glaubensgemeinschaften versammelten sich normalerweise in den Häusern der Gläubigen:

Es grüßen euch die Gemeinden in der Provinz Asien. Es grüßen euch vielmals in dem Herrn Aquila und Priska samt der Gemeinde in ihrem Haus.
1. Korinther 16:19

Grüßt die Brüder in Laodizea und die Nympha und die Gemeinde in ihrem Hause.
Kolosser 4:15

Und an Aphia, die Schwester, und Archippus, unseren Mitstreiter, und an die Gemeinde in deinem Hause.
Philemon 1:2

Grüßt auch die Gemeinde in ihrem Hause.
Römer 16:5a

➤ Das Neue Testament betont die Wichtigkeit von Gastfreundschaft:

Nehmt euch der Nöte der Heiligen an. Übt Gastfreundschaft.
Römer 12:13

Ein Bischof aber soll untadelig sein, Mann einer einzigen Frau, nüchtern, maßvoll, würdig, gastfrei, geschickt im Lehren.
1. Timotheus 3:2

Fazit: Privathäuser von Gläubigen sind der ideale, biblische Ort für die Versammlungen der Glaubensgemeinschaften. Es ist darum grundlegend für jeden Mitarbeiter, ein offenes Herz und ein offenes Haus zu haben!

Damit eine Hausgemeinschaft stabil und dauerhaft sein kann, braucht sie die folgenden fünf Elemente:

➤ Getaufte Gläubige

➤ Gläubige Familien

➤ Geistlich qualifizierte und lokal anerkannte Älteste

➤ Ein Versammlungsort, das heißt ein Gläubiger, der sein Haus für Versammlungen zur Verfügung stellt

➤ Finanzielle Unabhängigkeit und ein Dienst der Gruppe gegen außen

10.2. Die ersten Schritte

Sobald ein erster Oikos oder zumindest eine erste Person des Friedens die große Einladung Jesu angenommen hat, sollten Versammlungen stattfinden. Wo immer möglich sollte dies im Rahmen des bestehenden sozialen Netzwerks gemacht werden.

Glaubensgemeinschaften sind nicht abhängig von einer großen Anzahl Mitgliedern. Sie können sehr wohl mit bloß zwei oder drei Nachfolgern Jesu anfangen, beispielsweise mit dem Mann des Friedens und seiner Nuklearfamilie. Jesus hat versprochen, dort zu sein, wo zwei oder drei sich in seinem Namen versammeln (Mt. 18:20).

Wichtig ist hier anzumerken, dass nicht eigentlich der außenstehende Mitarbeiter die Glaubensgemeinschaft pflanzt, sondern vielmehr der einheimische

Mann des Friedens. Der außenstehende Mitarbeiter hat eher die Rolle einer Hebamme, die der schwangeren Frau hilft, das Baby zur Welt zu bringen. Er verkündet dem Mann des Friedens das Evangelium, lädt ihn in die Nachfolge ein, lehrt und begleitet ihn – aber es ist am Mann des Friedens, sein soziales Umfeld zu Jesus hin zu ziehen, indem er ein vorbildliches Leben als Nachfolger Jesu lebt, viel betet, dann die Gute Nachricht verkündet und andere zu Jesus hinführt.

Hier einige weitere Prinzipien für diese erste Phase der Glaubensgemeinschaft:

➤ *Arbeiten Sie mit dem ganzen „Oikos".*

Setzen Sie alles daran, mit dem Mann des Friedens und seiner nuklearen, wenn möglich auch erweiterten Familie, zu arbeiten. Je höher das Vertrauensniveau unter Nachfolgern Jesu bereits vorher war, umso stärker, stabiler und dauerhafter wird die Glaubensgemeinschaft sein. Sie ist viel wackeliger, wenn ein paar verstreute Nachfolger, die sich vorher nicht kannten und auch keine natürliche Affinität haben, einander nun plötzlich vertrauen und sich versammeln sollten. Wenn so verstreute Nachfolger zusammengebracht werden, ist meist der außenstehende Mitarbeiter ihr einziger Verbindungspunkt, und wenn dieser aus irgendwelchen Gründen nicht mehr mit ihnen zusammenarbeitet, fallen solche Gruppen meist wieder auseinander.

➤ *Bauen Sie um den einheimischen Mann des Friedens herum.*

Wenn Sie wirklich eine dauerhafte, stabile Glaubensgemeinschaft sehen wollen, sollten Sie von Beginn weg alle Aufmerksamkeit von ihnen weg auf die Einheimischen leiten. Bauen Sie nicht um sich, sondern um sie. Wenn möglich sollten die Treffen beim Mann des Friedens zuhause stattfinden. Vielleicht müssen Sie zu Beginn etwas Leitung übernehmen, aber versuchen Sie so früh und so viel wie möglich zu delegieren. Sie werden immer ein Aussenstehender sein – der Mann des Friedens jedoch als Insider hat besseren Zugang zu seinem eigenen Umfeld.

➤ *Ermutigen und modellieren Sie so einfache Versammlungen wie möglich.*

Wenn es zur Abhaltung der Versammlung eine hohe theologische Ausbildung und die Fähigkeit, 40 Minuten zu predigen braucht, wird sich niemand außer Sie fähig fühlen, jemals ein solches Meeting zu leiten – alles wird immer von Ihnen abhängig sein. Die Versammlungen sollten darum so einfach wie möglich sein, um reife einheimische Nachfolger zu ermutigen, so viel Verantwortung wie möglich zu übernehmen. Es ist darum empfehlenswert, die induktive Methode, die wir am Ende von Abschnitt 9.5. vorgestellt haben, anzuwenden. Ein induktives Bibelstudium ist gehorsamsorientiert und sehr einfach zu leiten.

Solch einfache Versammlungen beinhalten die folgenden drei Elemente:

- *Gebet:* Sündenbekenntnis, Anbetung, Fürbitte, Gebet für die Bedürfnisse der einzelnen Teilnehmer

- *Lehre:* induktiv, nicht predigend; gemeinsames Erarbeiten des Textes; Fragen – Antworten; Bereiche behandelnd, die dem Stand und den Bedürfnissen der Teilnehmer entsprechen

- *Gemeinschaft:* begleitet von einer Mahlzeit oder Tee

➤ *Arbeiten Sie darauf hin, eine einheimische Glaubensgemeinschaft zu pflanzen, auch wenn der Mann des Friedens noch der einzige Nachfolger Jesu ist.*

Wenn der Mann des Friedens noch der einzige Nachfolger Jesu seines soziokulturellen Umfelds ist, besteht die Gefahr, ihn in eine bestehende westlich-evangelikale Gemeinde integrieren zu wollen. Wenn Sie das tun, verlieren Sie das Potential zur Pflanzung einer neuen Glaubensgemeinschaft und das Segnen dieses Volkes mit dem Evangelium. Effektiver ist, diesen einzelnen Nachfolger weiter zu begleiten, zu ermutigen, und vor allem anzuleiten, wie er sein Umfeld wie ein Sauerteig durchdringen kann, um andere in die Nachfolge einzuladen. Dieser Weg mag zwar steiniger sein, ist aber langfristig bestimmt fruchtbarer.

Ermutigen Sie den Mann des Friedens:

- seiner nuklearen Familie und seinem sozialen Umfeld Gute Nachricht zu sein und zu vermitteln.

- immer bereit zu sein, von der Hoffnung, die in ihm ist, Zeugnis abzulegen (1. Petr. 3:15-16). Zeigen Sie ihm, wie er das tun kann (einfache Geschichten, persönlich Erlebtes etc., vgl. Kapitel 7).

- einfache evangelistische Versammlungen in seinem Haus abzuhalten (Filme, alttestamentliche Geschichten).

- zu verstehen, dass die Lösung nicht darin liegt, ihn durch die Integration in eine bestehende Gemeinde von seinem soziokulturellen Umfeld abzuschneiden. Er sollte sich selber als Segensbringer für seine Familie und sein Volk sehen, als Multiplikator, als Pflanzer einer neuen, kulturell angepassten Gemeinschaft. Niemand wird das jemals besser können als er. Andere Männer des Friedens wie Kornelius können ihm als Vorbild dienen (Apg. 10:24).

Vielleicht ist gut, hier anzumerken, dass vom theologischen Standpunkt gesehen natürlich nichts dagegen spricht, ihn in eine bestehende Gemeinde einer anderen Kultur und Sprache zu integrieren. Von einem strategischen Standpunkt jedoch wäre es ein Fehlentscheid, denn das Potential, der Schlüssel zum Pflanzen einer neuen Gemeinschaft in dieser Kultur würde verloren gehen. Auch könnte es sein, dass der Neugläubige sich aus kulturellen und sozialen Gründen in einer westlich angehauchten Kirche nicht wohlfühlen, gegebenenfalls auch von ihr gar nicht willkommen geheißen würde.

Wenn wir den Mann des Friedens aus seinem soziokulturellen Umfeld herausreißen, verpassen wir eine großartige Gelegenheit, Gottes Mandat, ein ganzes Volk zu segnen, umzusetzen, denn wir verlieren den natürlichsten Kontakt, den besten Schlüssel, die ideale Brücke dazu. In dieser ersten Phase sollte alles daran gesetzt werden, die gute Beziehung zu seinem Umfeld nicht zu verlieren. Dies bedeutet in vielen Fällen, dass der Neugläubige weiterhin an den kulturellen, sozialen und religiösen Aktivitäten der Gesellschaft teilnimmt. Er wird wohl in dieser ersten Phase weiterhin zum Freitagsgebet in die Moschee gehen und den Fastenmonat Ramadan einhalten.

Das folgende Schema fasst diese initiale Phase der Gemeinschaft zusammen:

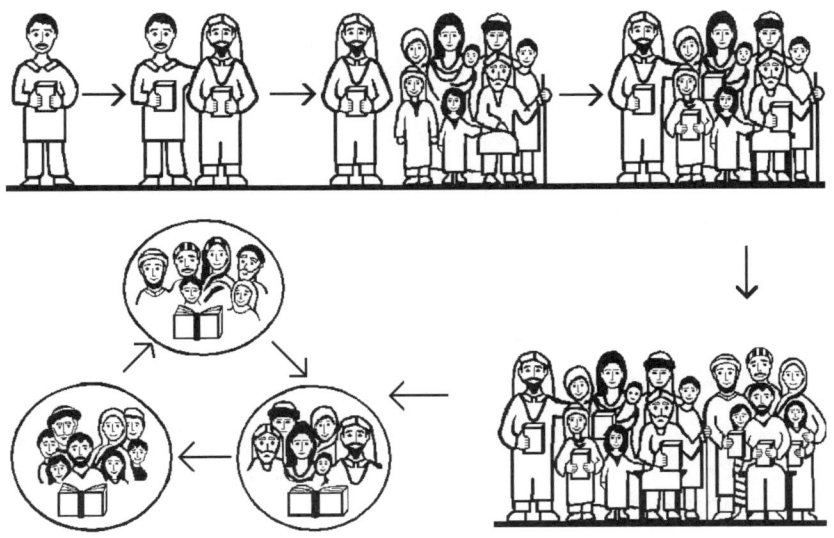

Schema 20: Beginn und erste Phase der Gemeinschaft

Der Botschafter von außen stellt die Beziehung zu einem einheimischen Mann des Friedens dar. Er ist es, nicht der von außen kommende Botschafter, der seinen Oikos mit der biblischen Botschaft bekannt macht und dessen Mitglieder zur Annahme der großen Einladung Jesu führt. Das Resultat ist eine erste Glaubensgemeinschaft. Wenn das Evangelium in neue soziale Netzwerke eingepflanzt wird, werden weitere Hausgemeinschaften gegründet, die miteinander in organischer Beziehung stehen.

Ideal ist, wenn sowohl Sie als Mitarbeiter als auch der Mann des Friedens als Team arbeiten. Idealerweise wird sich ein weiterer reifer einheimischer Nachfolger Jesu finden, der die ganze Arbeit und die Versammlungen zusammen mit dem Mann des Friedens leiten kann.

Einmal fragte ich einen meiner erfahrenen Mentoren, wann er die Leitung der neu gegründeten Hausgemeinschaften den Einheimischen übergebe. Seine Antwort lautete: „Gar nie, da ich die Leitung gar nie hatte". Fachleute nennen dieses Prinzip „Shadow Pastoring", etwa „Leiten aus dem Schatten". Es bedeutet, einem neuen Gläubigen Vision zu vermitteln und ihn von Anfang an als Leiter einer Hausgemeinschaft zu erkennen. Der Mitarbeiter von außen schult den neuen Gläubigen eins zu eins in Jüngerschaft, aber lädt ihn in keine bereits bestehende Hausgemeinschaft ein. Vielmehr ermutigt er den neuen Gläubigen, von Anfang an die Gute Nachricht mit Freunden und Familienmitgliedern zu teilen und eine eigene Hausgemeinschaft zu starten. Der erfahrene Mitarbeiter nimmt nicht an den Treffen der neuen Hausgemeinschaft teil, sondern lässt den neuen einheimischen Gläubigen die Gruppe von Anfang an leiten. Wir erlebten dann selber in unserer Arbeit, wie der Herr auch neue Gläubige, Männer und Frauen, gebrauchte um durch sie neue Hausgemeinschaften zu starten. Wir als Mitarbeiter von außen blieben im ganzen Prozess im Hintergrund dieser einheimischen Gläubigen, in ihrem Schatten sozusagen, und übernahmen gar nie die Leitung der neuen Gemeinschaften.

10.3. Die Gemeinschaft der Gläubigen

Der Leib Jesu setzt sich aus allen Rassen, Ethnien und Gesellschaftsschichten zusammen:

> *Hier ist nicht Jude noch Grieche, hier ist nicht Sklave noch Freier, hier ist nicht Mann noch Frau; denn ihr seid allesamt einer in Christus Jesus.*
> Galater 3:28

Alle Gläubigen aus den verschiedensten Hintergründen zusammen bilden diese neue Familie, die Gemeinschaft des Volkes Gottes.

Trotzdem fühlen sich die meisten Gläubigen wohler in einem ihnen bekannten Umfeld: gleiche Kultur, gleiche Sprache, ähnliche Gesellschaftsschicht, gegebenenfalls Männer und Frauen unter sich. Auch wenn sie sich nicht regelmäßig mit anderen Gläubigen treffen, verstehen und betonen sie die Einheit der Familie Gottes. Sie versammeln sich innerhalb ihres gewohnten Umfeldes nicht aus theologischen, sondern vielmehr aus praktischen und strategischen Gründen. Spätestens in der Ewigkeit wird der Moment gekommen sein, wo sie mit allen Völkern und Kulturen gemeinsam den Herrn anbeten werden.

Bitte vergessen Sie nicht, dass der Hauptgrund, warum Muslime nicht Nachfolger Jesu werden nicht theologischer, sondern sozialer und kultureller Natur ist. Ehe ein Muslim Nachfolger Jesu wird, fragt er sich: Zu welcher Gruppe werde ich gehören, wenn ich Jesus nachfolge? – Es wäre doch schade, wenn er bloß aus sozialen oder kulturellen Gründen nicht Jesus nachfolgen würde. Wir sollten alle kulturellen und sozialen Barrieren und Hindernisse aus dem Weg räumen, um ihm die Annahme der großen Einladung Jesu zu erleichtern. Für den Neugläubigen ist es wichtig, dass er sich mit einer ihm ähnlichen Gruppe identifizieren kann. Er braucht nicht nur ein neues geistliches, sondern auch ein solides soziales Zuhause. Nur eine Gruppe bestehend aus Gläubigen mit demselben oder einem ähnlichen Umfeld kann ihm das wirklich bieten.

Fazit: Wir arbeiten in homogenen Gruppen nicht aus theologischen (alle sind eins in Christus), sondern aus strategischen Gründen (Muslimen fällt es so einfacher, in die Nachfolge Jesu zu treten).

10.4. Der Ort der Versammlungen

Die normalen Versammlungsorte der neutestamentlichen Gemeinde waren, wie wir bereits gesehen haben, die Häuser der Gläubigen. Wenn Sie das überrascht, dann nehmen Sie bitte Notiz von der Tatsache, dass es während den ersten 150 Jahren der Gemeinde Jesu nicht ein einziges Kirchengebäude gab. Biblisches Christentum kennt keine heiligen Gebäude oder Orte. Der Nachfolger Jesu selber ist der Tempel des Heiligen Geistes, und Gott will nicht auf einem Berg oder in einem Gebäude, sondern in erster Linie „im Geist und in Wahrheit" angebetet sein.

Oder wisst ihr nicht, dass euer Leib ein Tempel des heiligen Geistes ist, der in euch ist und den ihr von Gott habt, und dass ihr nicht euch selbst gehört?
1. Korinther 6:19

Gott ist Geist, und die ihn anbeten, die müssen ihn im Geist und in der Wahrheit anbeten.
Johannes 4:24

Nachfolger Jesu aus muslimischem Hintergrund sollten sich an einem kontextualisierten Versammlungsort treffen, zum Beispiel in einem einfachen Raum eines Mitgliedes der Hausgemeinschaft. Es sollte auch deutlich gemacht werden, dass Kirche im biblischen Sinn des Wortes „die Herausgerufenen" bedeutet und nicht ein Gebäude. Gottesdienst sollte deshalb überall möglich sein.

Ein somalischer Nomade sagte einst: „Ich bin ein Muslim, denn alles, was ich zum Beten brauche, ist meine Matte, und ich kann überall beten. Wir sehen euch Christen einmal in der Woche beten, und dann in einem Gebäude. Wenn ihr euer Kirchengebäude auf den Rücken meines Kamels binden könnt, kann ich mir vorstellen, dass das Christentum auch uns, die Somalis, etwas angeht."

Kulturell feinfühlige Gemeinschaften haben auf solche Aussagen eine Antwort, weil sie anpassungsfähig und flexibel sind. Für sie ist eine Nomaden-Gemeinde, die sich unter Bäumen, in Hangars oder in Zelten trifft, durchaus denkbar; eine Bibelschule, die im Seminarstil Nomaden nachgeht, durchführbar; Älteste, die ohne Bibelschuldiplom das Abendmahl austeilen, theologisch kein Problem; bei Wasserknappheit Taufen unter Sand anstatt unter Wasser, durchaus vertretbar.

Diese Gemeinden haben gelernt, das Wesentliche vom Unwesentlichen zu trennen: Im Wesentlichen bleiben sie dogmatisch, im Unwesentlichen jedoch äußerst anpassungsfähig und jederzeit nach kontextualisierten Ansätzen suchend.

Zusammenfassend hier die zwölf Kennzeichen des Hausgemeindemodells:

Zwölf Kennzeichen von Hausgemeinden	
Vertiefter Hirtendienst	Da die Gruppe klein ist, wird die Abwesenheit eines Mitglieds sofort bemerkt, und er wird unmittelbar nach seinem Fehlen an einem Treffen besucht.
Angepasste Lehre	Da die Verantwortlichen die Gruppe sehr gut kennen, können sie die Lehre den Bedürfnissen der Mitglieder anpassen.
Zusammengehörigkeitsgefühl	Da sich alle Mitglieder der Gruppe sehr gut kennen, entwickelt sich leichter ein Familien- und Zusammengehörigkeitsgefühl.
Niedrige Kosten	Sie kosten viel weniger, weil es kein Gebäude zu unterhalten und keine vollzeitlichen Pastoren zu bezahlen gibt.

Zwölf Kennzeichen von Hausgemeinden

Allgemeine Beteiligung	Da die Gruppe klein ist, benötigt sie den Beitrag der Gaben aller, damit sie überhaupt funktionieren kann.
Erleichterte Seelsorge	Die warme Atmosphäre einer kleinen Gruppe erlaubt es ihren Mitgliedern, sich zu öffnen und dadurch schneller die benötigte seelsorgerliche Hilfe zu erhalten.
Starke soziale Einbindung	Da die Gruppe sich wie eine Familie mit einer starken sozialen Verbindung sieht, ist es für ein Mitglied schwieriger, abzufallen.
Effektive Evangelisation	Ungläubige, die nie ein Kirchengebäude betreten würden, können eine Einladung zu einem informellen, familiären Treffen in dem Haus eines Freundes annehmen.
Schnelles Wachstum	Eine kleine Gruppe hat eine größere Motivation, andere einzuladen, um zu wachsen.
Spontane Multiplikation	Sobald die Gruppe eine gewisse Größe erreicht hat, teilt sie sich.
Resistent in Verfolgung	Es gibt kein Gebäude, das man zerstören könnte, keinen vollzeitlichen Pastor, den man töten könnte, keine Mitgliederliste, durch die man Gläubige leicht identifizieren könnte. Die Hausgemeinde ist geschützter und kann sich sogar unter Druck multiplizieren (vgl. China).
Kontextualisierung	Für eine kleine Gruppe ist es einfacher, in Sachen Gemeindestil, Gottesdienstformen etc. einen kontextualisierten Konsens zu finden.

Tabelle 21: Zwölf Kennzeichen einer Hausgemeinschaft

Die neutestamentlichen Gemeinden kannten zwei Arten von Versammlungen:

> *Und sie hörten nicht auf, alle Tage im Tempel und hier und dort in den Häusern zu lehren und zu predigen das Evangelium von Jesus Christus.*
> Apostelgeschichte 5:42

> *Zelle:* die Hausgemeinschaft: klein, vertraut, familiär

> *Stadtweite Feier:* die Versammlung aller Gläubigen einer Stadt oder Region

Das Ziel darf also nicht sein, ein Gemeindegebäude zu pflanzen. Vielmehr geht es darum, die Saat des Evangeliums in die jeweilige Kultur zu pflanzen und daraufhin zu arbeiten, dass dieses sich darin entwickeln und multiplizieren kann.

10.5. Die Zeit der Versammlungen

Obwohl die meisten Christen weltweit am Sonntag Gottesdienst feiern, finden wir in der ganzen Bibel keinen ausdrücklichen Befehl, dies an diesem spezifischen Tag zu tun. Natürlich finden wir biblische Beispiele von Gläubigen, die sich am ersten Tag der Woche versammelten (1. Kor. 16:2).

Das neutestamentliche Gebot besagt, dass Gläubige ihre Versammlungen nicht verlassen sollen, spricht aber weder von einer speziellen Zeit noch von einem speziellen Tag dafür:

> *Lasst uns aufeinander Acht haben, um uns zur Liebe und zu guten Werken anzureizen, indem wir unser Zusammenkommen nicht versäumen, wie es bei einigen Sitte ist, sondern einander ermuntern, und das um so mehr, je mehr ihr den Tag herannahen seht!*
> Hebräer 10:24-25

Die Urgemeinde versammelte sich häufig, in der Zeit nach Pfingsten sogar täglich (Apg. 2:46). Es kann jedoch nicht erwiesen werden, dass es eine spezifische Zeit gab, an der von einer Gemeinde verlangt wurde, sich zu treffen. Den Kolossern wurde gesagt, sie sollten in Bezug auf Fest- oder Sabbattage niemanden richten:

> *So lasst euch nun von niemandem ein schlechtes Gewissen machen wegen eines bestimmten Feiertages, Neumondes oder Sabbats.*
> Kolosser 2:16

Den Römern wurde gesagt, dass es unter Christen bezüglich Tagen keine Übereinkunft gab:

> *Der eine hält einen Tag höher als den anderen; der andere aber hält alle Tage für gleich. Ein jeder sei in seiner Meinung gewiss.*
> Römer 14:5

Für den Muslim jedoch ist nur der Freitag zum Gebet möglich:

> *O Gläubige, wenn ihr am Tage der Versammlung [dem Freitag] zum Gebet*

gerufen werdet, so eilt zum Gedächtnis Allahs hin und lasst ab von allen Handelsgeschäften.
Der Koran, Das heilige Buch des Islam, 1959, Sure 62:10

Angesichts dieser Tatsache ist es für die Hausgemeinde durchaus möglich, sich am Freitag, an einem Abend, frühmorgens oder wann auch immer zu versammeln.

Wichtig ist also nicht, wann die Gemeinschaft sich trifft, sondern dass sie sich trifft. Tag und Zeit der Versammlung sollten von den einheimischen Gläubigen festgelegt werden.

10.6. Die kulturell angepasste Glaubensgemeinschaft

In diesem Abschnitt wollen wir einige weitere wichtige Merkmale der neutestamentlichen Gemeinschaft näher betrachten:

➤ *Das ganze Leben ist Gottesdienst*

Es gibt keine Diskrepanz zwischen Versammlung und täglichem Leben. Nicht nur Versammlungen sind Gottesdienst, sondern das ganze Leben – auch und vor allem der Alltag:

Ich ermahne euch nun, liebe Brüder, durch die Barmherzigkeit Gottes, dass ihr eure Leiber hingebt als ein Opfer, das lebendig, heilig und Gott wohlgefällig ist. Das sei euer vernünftiger Gottesdienst.
Römer 12:1

➤ *Gemeinde als Organismus, nicht als Organisation – das Gemeindeleben ist beziehungs-, nicht programmorientiert*

Da kontextualisierte Gemeinden sich auf die Häuser konzentrieren, bildet sich das Gemeindeleben viel mehr um einzelne Familien. Starre Programme machen einer lockeren, informellen Familienatmosphäre Platz. Eine Familie ist nicht eine Organisation, deren Mitglieder sich einmal wöchentlich zu einer formellen Versammlung treffen. Eine Familie ist vielmehr ein Organismus, deren diverse Glieder in einer ständigen Wechselbeziehung zueinander stehen.

Eine Untersuchung des Gemeindelebens der ersten Christen zeigt, dass gemeinsames Essen einer der Hauptzwecke ihrer Zusammenkünfte waren (Apg. 2:46-47; 1. Kor. 11:33). Das gemeinsame Essen war eine Demonstration ihrer Einheit und Zusammengehörigkeit als Familie Gottes. In manchen Nationen wird mit einem Essen ein Vertrag besiegelt oder Frieden geschlossen. Wenn Menschen zusammen essen, dann verkündigen sie eine prophetische Botschaft: Wir sind eine Familie, seht her, wir essen sogar zusammen!

Das gemeinsame Essen der Glieder einer Hausgemeinde ist der Leim, der die Beziehungen zusammenhält. Es ist der Ort, an dem informelle Seelsorge, Lehre, und Ermutigung geschieht, der Ort, an dem Gemeinschaft gelebt und erlebt wird. Es ist aber auch eine Gelegenheit, Freunde einzuladen und ihnen durch den Erweis der herzlichen Liebe einer gläubigen Familie das Evangelium lieb zu machen.

In dieser familiären Atmosphäre können auch noch nicht Gläubige sich wohlfühlen. Was die Glieder einer Hausgemeinde unter sich erleben, die Qualität ihres Lebens, ihr Zuhören, ihr Mitteilen, ihre Lehre und ihr Gebet in sich sind evangelistisch – auch ohne große Reden und intellektuelle Appelle.

➤ *Gemeindemodell Korinth – Versammlungen, zu denen alle beitragen*

Paulus ermutigte alle Gläubigen in Korinth, in den jeweiligen Gemeindetreffen ihren Gaben gemäß beizutragen:

> *Was ist nun, Brüder? Wenn ihr zusammenkommt, so hat jeder einen Psalm, hat eine Lehre, hat eine Offenbarung, hat eine Sprachenrede, hat eine Auslegung; alles geschehe zur Erbauung.*
> 1. Korinther 14:26

An diesen Versammlungen gehen Fragen und Antworten hin- und her. Eine interaktive und dynamische Lehrform wird eingesetzt, weil sie jedem Teilnehmer erlaubt, sich einzubringen und die Erklärungen zu bekommen, die er benötigt. Jeder Teilnehmer trägt zur Auferbauung der anderen Glieder bei, gemäß der von Gott erhaltenen Gabe: durch ein Wort der Ermutigung, durch ein Zeugnis, eine Ermahnung, ein Gebet, ein Psalm und so weiter.

➤ *Der Gemeindestil nimmt kontextualisierte Formen an*

Die kirchlichen Prinzipien und Praktiken müssen natürlich ihre Grundlage im Neuen Testament haben. In der kulturellen Anpassung des Versammlungsstils sollte der Mitarbeiter jedoch ebenso anpassungsfähig sein wie das Neue Testament: nicht weniger, aber auch nicht mehr. Mit anderen Worten: Wo es um absolute Werte geht, sollte er dogmatisch sein. Wo es keine spezifischen Richtlinien gibt, sollte er innerhalb des vom Neuen Testament vorgegebenen Rahmens einen kontextualisierten Stil ermutigen.

➤ *Selbstbezeichnung der Gläubigen*

Schon allein das Wort „Christ" ruft in vielen Muslimen negative Gefühle hervor. Für sie ist das Christentum gleichzusetzen mit Kreuzzügen, Materialismus, moralischem Zerfall im Westen oder amerikanischer Welteroberung. Für einen Muslim ist es häufig Verrat an seinem Volk, sich selbst „Christ" zu nennen.

Die neu gegründete Gemeinde mag deshalb andere, ebenso biblische Wege suchen, um unnötige Barrieren zu vermeiden: Mögliche Bezeichnung der Gläubigen wären „messianische Muslime", „Jünger des Messias" oder ganz einfach „Gläubige". Ein Moslem muss nicht „Christ" werden, um Jesus nachzufolgen.

➤ Gebetsformen

Die westliche Kirche hat Gebetsformen entwickelt, die der biblischen Lehre zwar nicht widersprechen, in ihr aber auch nicht zu finden sind. Beispiele dafür sind mit geschlossenen Augen oder sitzend auf einem Stuhl zu beten. Für einen Nachfolger Jesu aus muslimischem Hintergrund kann dies sehr befremdend sein, und er wird unter Umständen neue Gebetsformen suchen.

Außer einigen Anpassungen oder Abänderungen kann er die Gebetsformen, die ihm von der islamischen Kultur her so wertvoll und bekannt sind, weiterhin benutzen. In alttestamentlichen Zeiten wurde normalerweise kniend, stehend oder die Hände gegen den Himmel hebend gebetet (2. Mose 9:29; 1. Kön. 8:22; 2. Chr. 6:13). Diese Gebetshaltung war so normal, dass sie im Psalm 141:2 gar als Synonym für Gebet gebraucht wird: „Lass als Rauchopfer vor dir stehen mein Gebet, das Erheben meiner Hände als Speisopfer am Abend." Beim Lesen des Berichts über den Zöllner (Lk. 18:2 – „... wollte sogar die Augen nicht aufheben zum Himmel") muss man vermuten, dass die Augen während des Gebets geöffnet blieben, und Jesus selber hob die Augen gegen den Himmel, als er betete (Mk. 6:41; 7:34). Die Bibel spricht nirgends von geschlossenen Augen während des Betens.

Für den Gläubigen aus muslimischem Hintergrund wird die normale Form die „Dua" Gebetsart sein: die Hände gegen den Himmel ausgestreckt, kniend oder mit gekreuzten Beinen sitzend und in seiner Herzenssprache. Er betet zu Gott, dem Schöpfer von Himmel und Erde, im Namen von Jesus dem Messias, ein von allen Muslimen anerkannter Titel Jesu.

➤ Anbetungsstil

Entscheidend ist, dass Gott angebetet wird. Wie das geschieht, muss seine kulturelle Ausdrucksform finden. Die meisten islamischen Sekten verbieten in ihrer Anbetung Musikinstrumente. Koranverse werden häufig rhythmisch zitiert oder intoniert.

Angepasste Formen können gefunden werden: Lobpreis in rhythmischen Worten, Lesungen von Psalmen oder Hymnen des Neuen Testaments mit der gleichen Intonation wie islamische Lehrer, Proklamation der 99 wunderbaren Namen Gottes, Lesung eines Glaubensbekenntnisses oder Wahrheiten des Wortes Gottes, Anbetungslieder in traditionellen Intonationen, Proklamation eines kontextualisierten Glaubensbekenntnisses: „Es gibt nur einen Gott, und einen Mittler zwischen Gott und den Menschen, Jesus Christus" (gemäß 1. Tim. 2:5), oder: „Es gibt nur einen Gott und Jesus ist der Messias Gottes."

➤ *Kulturell Ungewohntes wird vermieden*

Zwischen dem kulturellen Umfeld und der Gemeindekultur sollten keine Barrieren bestehen. Darum kann sie folgende Formen annehmen:

- Der kontextuelle Ort: nicht ein Gebäude, sondern die Häuser der Gläubigen

- Die kontextuelle Möblierung: nicht auf Stühlen, sondern auf Matten und Teppichen

- Die kontextuelle Kleidung: „normal" im kulturellen Umfeld; ohne Schuhe auf Teppichen

- Die kontextuelle Zeit: nicht am Sonntagvormittag

- Der kontextuelle Rahmen: gegebenenfalls Männer und Frauen getrennt

➤ *Das Abendmahl wird regelmäßig gefeiert*

Gemäß dem Befehl des Herrn (Lk. 22:19b) feiert die Hausgemeinschaft regelmäßig das Abendmahl, oftmals als integraler Bestandteil einer gemeinsamen Mahlzeit, wie dies in Korinth der Fall war (1. Kor. 11:20-21.33).

➤ *Leiterschaft: Älteste (Familienväter), nicht Vollzeit-Pastoren*

Wie in der Apostelgeschichte werden Hausgemeinden von Ältesten geleitet. Diese Laienleiter sind normalerweise berufstätig und kommen aus dem durchschnittlichen Hintergrund des zu erreichenden Volkes.

Diese Gemeindeleiter entsprechen den biblischen Qualifikationen für Älteste (vgl. Tabelle 22). Von ihnen wird nicht verlangt, dass sie eine akademisch-theologische Ausbildung absolviert haben; in erster Linie wird eine reife, geistliche Persönlichkeit erwartet, die Fähigkeit, das Wort zu unterrichten, ein tadelloser Lebensstil und Ruf im „Innendienst" (Familie, Hausgemeinschaft) wie im „Außendienst" (Arbeitsplatz, Gesellschaft), und die Gabe und der Dienst eines Hirten.

Diese Ältesten werden durch angepasste Bibelkurse im Seminarstil und vor Ort ausgebildet, um sie nicht ihrem familiären, beruflichen und sozialen Umfeld zu entfremden.

Um die Möglichkeit zur Multiplikation jederzeit zu gewährleisten, erhalten solche Hausgemeindeleiter keine finanzielle Unterstützung von außen. Sie unterstützen sich durch ihre Zeltmacheraktivität selbst.

Die Form der Glaubensgemeinschaft muss von den einheimischen Gläubigen entschieden werden. Sie sind ja schließlich der Kontext. Das Ziel ist immer, alle kulturellen Barrieren zu entfernen, um Einheimischen die Nachfolge Jesu nicht unnötig zu erschweren und ihnen zu erlauben, sich in ihren Versammlungen wirklich wohl zu fühlen – denn es ist ja ihre Gemeinde, nicht die Ihre als Mitarbeiter. Formen sollten darum den Einheimischen genehm sein und nicht Ihnen als Außenstehender.

> Die Gläubigen kommen zusammen und begrüßen sich zuerst mit der arabischen Begrüßung „Salamu aleyikum", „Friede sei mit Euch." Die Begrüßungszeremonie dauert anschließend eine lange Weile. Die Leute ziehen ihre Schuhe aus und sitzen am Boden auf einem Teppich oder auf Matten. Der Abend beginnt mit einem gemeinsamen Essen und Gemeinschaft. Nach dem Essen wird das Wort Gottes mit Ehrfurcht an die Leute verteilt und ein Text wird gelesen. Oftmals wird ein fortlaufender Text behandelt, wie zum Beispiel das Lukasevangelium. Nach der Lektüre des Textes diskutieren die Anwesenden untereinander, was dieser Text für ihr Leben zu sagen hat. Oftmals stellen Teilnehmer Fragen, welche ihnen im Alltag begegnet sind. Gemeinsam mit den anderen Gläubigen werden Antworten gesucht, wobei regelmäßige, gegenseitige Jüngerschaft geschieht. Anschließend folgt eine Zeit des Gebets füreinander. Der Lobpreis kann von längeren Anbetungsgebeten über psalmenmäßiges Singen von Texten bis hin zum Singen von Liedern in ihrer Sprache gehen. Wichtig ist, dass Lobpreis in einer kulturell angepassten Form geschieht, damit auch neue Teilnehmer sich sofort zuhause fühlen. Danach wird das Abendmahl gefeiert. Jemand liest oder rezitiert einen passenden Text, und alle besinnen sich auf den Tod und die Auferstehung Jesu. Normalerweise wird dies abwechslungsweise geleitet, damit jeder in der Hausgemeinde lernt, das Abendmahl auszuteilen. Oftmals folgt dann noch eine Zeit des längeren Gebets. Es gibt verschiedene Arten, wie dies durchgeführt wird. Einige bleiben sitzen und heben dabei die Hände auf, andere werfen sich vor Gott nieder, wieder andere stehen dazu auf. Nach dem Gebet wird noch Tee getrunken und in angeregten Gesprächen wird darüber diskutiert, was es bedeutet, im Alltag Jesus nachzufolgen. Oft wird aber auch einfach sonst geplaudert und Gemein-

schaft gepflegt. Ein nächster Treffpunkt wird vereinbart, und die Versammlung löst sich auf. Das Ziel jeder Glaubensgemeinschaft ist Multiplikation. Daher lebt die Glaubensgemeinschaft vor allem organisch und nicht organisatorisch. Ziel ist, jeden Gläubigen zu befähigen, solche Treffen zu leiten und dadurch potentielle zukünftige Leiter auszubilden.

10.7. Die Saat ausstreuen

Die Glaubensgemeinschaft wird in dem Maß wachsen, wie sich alle Mitglieder an der Verkündigung der Guten Nachricht beteiligen. Sie sollten insbesondere ermutigen, dass

> ➤ *die Gläubigen, insbesondere Männer des Friedens, ihre Häuser öffnen, um:*
>
>   • ihren erweiterten Familien und ihrem sozialen Umfeld die Gute Nachricht zu verkünden.
>
>   • interessierte Menschen willkommen zu heißen mit dem Ziel, neue Hausgemeinden zu pflanzen.

> ➤ *alle Gläubige die Gute Nachricht verkünden;* es gibt Gläubige mit der besonderen Gabe der Evangelisation – gleichzeitig jedoch sind alle Nachfolger Jesu dazu berufen, in ihrem Umfeld und täglichen Leben authentische Zeugen zu sein. Das phänomenale Wachstum der frühen Kirche wäre undenkbar gewesen, wenn nicht alle Gläubigen ständig fröhlich Zeugnis gegeben hätten.

Wir haben bereits die Wichtigkeit von sehr einfachen Versammlungen betont. Dasselbe gilt nun für die Verkündigung des Evangeliums: Die Methoden sollten so einfach, multiplizierbar und kulturell angepasst wie möglich sein, damit eben wirklich jeder Nachfolger Jesu sich beteiligen kann. Die Leiter sollten entsprechende Vorbilder sein.

Ein wichtiger Punkt ist natürlich auch, dass Neugläubige die Grundlagen der Apologetik kennen, damit sie auf schwierige Fragen antworten können und auch überzeugende Argumente für das Evangelium haben.

10.8. Gute Verwaltung

Alles was wir sind und haben ist nur anvertrautes Gut. Weil Gott uns so viel gegeben hat, dürfen wir auch fröhlich und viel geben:

> *Umsonst habt ihrs empfangen, umsonst gebt es auch.*
> Matthäus 10:8b

Ich meine aber dies: Wer da kärglich sät, der wird auch kärglich ernten; und wer da sät im Segen, der wird auch ernten im Segen.
2. Korinther 9:6

Das Wort Gottes warnt ausdrücklich vor der Liebe zum Besitz, der Habgier. Das Problem ist nicht Geld, Besitz oder Reichtum an und für sich, sondern unsere Liebe zu diesen Dingen. Schwierig wird es dann, wenn das Geld uns besitzt und nicht wir es, wenn wir sein Diener sind und nicht es der unsrige (vgl. 1. Tim. 6:9-10).

Jeder Nachfolger Jesu sollte verstehen, dass alles, was er ist und hat, dem Herrn gehört: seine Zeit, seine Talente, seine natürlichen und geistlichen Gaben, sein Geld, sein Besitz, sein Haus – all diese Dinge sollte er Gott und Seinem Reich zur Verfügung stellen. Eine tiefe innere Zufriedenheit ist der Lohn für jeden, der gelernt hat zu geben.

Auf keinen Fall sollte die neue Glaubensgemeinschaft von außen finanziert werden. Wird sie von außen finanziert, verlieren die Einheimischen alle Motivation zu geben, und werden dadurch von einem großen Segen ferngehalten. Außerdem werden Eigenverantwortung und Eigenleitung dadurch wesentlich erschwert.

Hausgemeinschaften erfordern wenig finanzielle Mittel, denn:

➤ ihre Leiter sind berufstätig, sie haben ein regelmäßiges Einkommen: Es gibt keine Löhne zu bezahlen.

➤ die Versammlungen werden in den Häusern der Gläubigen abgehalten: Es gibt keine Mieten oder Unterhalt von Gebäuden zu bezahlen.

➤ die Mitglieder der Gemeinschaft unterstützen sich in Zeiten der Not gegenseitig, wie das in einer erweiterten Familie üblich ist: Es ist keine Bettelaktion im Ausland nötig.

10.9. Das Leben der neuen Umma

Wir haben bereits die Wichtigkeit der sozialen Dimension betont. Der Nachfolger aus muslimischem Hintergrund braucht unbedingt dieses warme, gemeinschaftliche, vertraute Zuhause einer neuen Familie und Umma, wie der Epheserbrief es so schön beschreibt:

So seit nun nicht mehr Gäste und Fremdlinge, sondern Mitbürger der Heiligen und Gottes Hausgenossen.
Epheser 2:19

Diese Aussage zeigt, dass eine Glaubensgemeinschaft viel mehr ein Organismus als eine Organisation ist. Ihre Mitglieder sind innig miteinander verbunden. Sie gehen nicht zur Gemeinde – vielmehr sind sie Gemeinde, in allen Bereichen ihres Lebens.

Die „Einander-Verse" des Neuen Testaments beschreiben am besten, wie das Leben und Miteinander in der Familie Gottes gestaltet werden sollte. Hier eine Auswahl der wichtigsten Kennzeichen dieser neuen Gemeinschaft:

Kennzeichen der Gemeinschaft	Aktivität	Vers
Liebe	Habt euch untereinander beständig lieb aus reinem Herzen.	1. Petr. 1:22
Auferbauung	Lasst uns anstreben, was dient zur Erbauung untereinander.	Röm. 14:19
Ermahnung	Ermahnt einander in aller Weisheit.	Kol. 3:16 Hebr. 10:25
Sorge	... damit die Glieder füreinander sorgen.	1. Kor. 12:25
Unterordnung	Ordnet euch einander unter in der Furcht Christi .	Eph. 5:21
Trost	So tröstet euch untereinander.	1. Thess. 4:13-18
Ermutigung	Darum ermutigt (ermahnt) euch untereinander.	1 Thess. 5:11
Achthabung	Lasst uns aufeinander achthaben.	Hebr. 10:24-25
Sündenbekenntnis	Bekennt einander eure Sünden.	Jak. 5:16
Fürbitte	Betet füreinander.	Jak. 5:16
Gastfreundschaft	Seid gastfrei untereinander ohne Murren.	1. Petr. 4:9
Weitherzigkeit	Ertraget einer den andern.	Kol. 3:13

Kennzeichen der Gemeinschaft	Aktivität	Vers
Vergebung	Vergebt euch untereinander; wie der Herr euch vergeben hat, so vergebt auch ihr.	Kol. 3:13
Dienstbereitschaft	Dient einander, ein jeder mit der Gabe, die er empfangen hat.	1. Petr. 4:10

Tabelle 22: Kennzeichen einer biblischen Glaubensgemeinschaft

Eine solche Glaubensgemeinschaft verherrlicht Gott und ist ein attraktives Zeugnis für das Umfeld, ein wahrer Segen für jede Gesellschaft, eine Anziehungskraft für all jene, die noch nicht in der Nachfolge Jesu stehen. Sie ist auch ein Schutz gegen Spaltung und Irrlehre und fördert wahre Einheit (vgl. Ps. 133:1-3).

10.10. Einheimische Leiter erkennen, fördern und einsetzen

Die neutestamentlichen Gemeinden wurden von Ältesten geleitet. Das Neue Testament gebraucht verschiedene Ausdrücke, um ihre Funktionen zu beschreiben: Bischof, Hirte, Ältester (Apg. 20:17.28; Tit. 1:5.7). Paulus sagt, dass wer nach einer Leiterfunktion in der Gemeinde trachtet, ein schönes Werk begehrt (1. Tim. 3:1).

Die Gemeinden wurden immer von einem Kollegium geleitet, das heißt von mehreren reifen Gläubigen zusammen. In den jüdischen Synagogen waren normalerweise sieben bis neun Älteste verantwortlich. Für die Gemeinde wird nicht genannt, wieviele Älteste sie haben sollte, aber sie arbeiten jedenfalls immer als Team. Im Kontext einer Hausgemeinde sind wohl zwei bis vier Älteste das Ideal, damit auch Wachstum durch Zweiteilung möglich ist. Das Konzept eines einzelnen Pastors als Leiter der Gemeinde findet sich nicht in der Bibel.

➤ *Die Verantwortungsbereiche der Ältesten*

Die Ältesten nehmen die allgemeine Leitung der Glaubensgemeinschaft wahr:

- Als Leiter oder Führer dienen sie der Herde als Vorbild (1. Petr. 5:3).

- Als Hirten weiden sie die Herde (Apg. 20:28; 1. Petr. 5:2). Sie führen sie (Joh. 10:3-4), wachen über ihr, beschützen sie vor Gefahren (Apg.

20:28-31; Hebr. 13:17), nähren sie durch eine angepasste Lehre (1. Tim. 3:2; 5:17), sorgen sich um die Schafe, besonders um die Schwächsten unter ihnen (Apg. 20:35, Hes. 34:3-5), besuchen die Kranken und beten mit ihnen (Jak. 5:14).

- Als Verwalter (Tit. 1:7), kümmern sie sich allgemein um das gute Funktionieren der Gemeinschaft: Dies beinhaltet finanzielle (Apg. 11:30), doktrinale (Apg. 15:6.12.15) wie auch praktische Fragen. Sie arbeiten als Einheit, kollegial, ihren Gaben gemäß (1. Petr. 4:10). Sie delegieren bestimmte Aufgaben an Diakone oder andere Mitglieder der Gemeinschaft.

- Als Hirten kümmern sie sich nicht nur um die Schafe ihrer Herde – sie machen sich auch auf die Suche nach den Schafen, die noch außerhalb ihrer Herde sind, um auch sie hinein zu führen.

Nicht alle Ältesten kümmern sich um alle genannten Bereiche. Vielmehr werden die diversen Aufgaben gemäß den Gaben eines jeden aufgeteilt.

> *Einheimische Leiter erkennen, fördern und einsetzen: der Prozess*

Einheimische Leiter zu erkennen, zu fördern und einzusetzen gehört zu einer der wichtigsten Aufgabe eines von außen kommenden Mitarbeiters: Denn ohne einheimische Leiterschaft kann es nie eine wirklich einheimische, dauerhafte, beständige Glaubensgemeinschaft geben. Wir finden im Neuen Testament keine einheimische Gemeinde, die nicht auch von einheimischen Gläubigen geleitet worden wäre. Pioniere wie Paulus, Petrus, Timotheus oder Titus haben nie selber Gemeinden geleitet – vielmehr haben sie einheimische Leiter erkannt, gefördert und eingesetzt.

Wie können Sie vorgehen, um dieses Ziel zu erreichen?

- Beten Sie: Der Herr selber soll Ihnen zeigen, wer Leiterschaftspotenzial hat.

- Modellieren Sie: Leben Sie selber als Vorbild eines biblischen Leiters.

- Beobachten Sie: Wenden Sie „das Prinzip der Treue" an:

Wer im Geringsten treu ist, der ist auch im Großen treu; und wer im Geringsten ungerecht ist, der ist auch im Großen ungerecht.
Lukas 16:10

  · Wer ist in kleinen Dingen treu?

  · Wer macht im Glauben, in der Heiligung, in der Erkenntnis wirklich Fortschritte?

- In wessen Leben zeigen sich kleine Anzeichen eines potentiellen Leiters? – Zum Beispiel ein Dienerherz, ein Gebetsleben, Eifer, das Wort Gottes weiterzugeben, Loyalität.

- Wer hat ein gutes Zeugnis in der Gemeinschaft und in der Gesellschaft?

• Lehren Sie: formell – informell – durch Erfahrung (ich mache es – er schaut zu; wir machen es zusammen; er macht es – ich schaue zu und gebe Feedback). Extrahieren Sie den potentiellen Leiter zur Ausbildung nicht aus seinem normalen Kontext (z.B. Bibelschule). Bilden Sie ihn vor Ort aus, zum Beispiel mit Fernkursen oder im Seminarstil.

• Delegieren Sie teilweise: Der zukünftige Leiter kann nur lernen, wenn er Gelegenheit erhält, sein Potential zu gebrauchen und zu entwickeln. Darum sollen ihm so früh wie möglich gewisse Verantwortungsbereiche anvertraut werden. Beispiele dafür sind die Leitung von Teilen der Versammlung, Gebet für Kranke, gemeinsame Vorbereitung von Treffen mit anderen Leitern.

• Delegieren Sie vollständig: Falls der potentielle Leiter sich bei der teilweisen Delegation als treu erwiesen hat, kann ihm die vollständige Verantwortung übertragen werden.

• Setzen Sie Älteste provisorisch ein: Die Ältesten können eingesetzt werden, vorerst aber für eine Testphase, um weiter zu prüfen, wie sie diese Aufgabe wahrnehmen.

• Setzen Sie Älteste definitiv ein: Nach der definitiven Einsetzung kann der von außen kommende Mitarbeiter sich verabschieden und noch auf Distanz einen freundschaftlichen Kontakt halten (siehe Kapitel 11).

➤ *Biblische Qualifikationen für Leiter*

Wichtiger als akademische Grade sind die Merkmale, die für Diakone erforderlich waren:

So seht euch nun um, Brüder, nach sieben Männern unter euch, von gutem Zeugnis, voll Geist und Weisheit, die wir über diese Aufgabe setzen wollen.
Apostelgeschichte 6:3

Eine reife Persönlichkeit wird diese drei Merkmale der persönlichen Integrität (gutes Zeugnis), der Geistesfülle (voll Geistes) und des Unterscheidungsvermögens (voll Weisheit) haben. Diese menschliche und geistliche Reife wird ihnen zur Effektivität im Dienst verhelfen, wie uns auch Lukas über Stephanus, einer der sieben ausgewählten Diakone, berichtet:

> *Stephanus aber, voller Gnade und Kraft, tat Wunder und große Zeichen unter dem Volk.*
> Apostelgeschichte 6:8

Reife Persönlichkeiten stellen ihre Kompetenz zum Leiten durch geistliche, charakterlich-emotionale, familiäre, soziale und fachliche Kompetenz unter Beweis. Sie folgen darin den Erfordernissen des Paulus an Gemeindeleiter, die viel mehr mit den ersten vier der eben genannten fünf Bereichen zu tun haben als mit der fünften, der fachlichen Kompetenz (so wichtig diese auch sein mag):

Die folgende Tabelle fasst die biblischen Qualifikationen für Leiter zusammen (vgl. 1. Tim. 3:1-7; Tit. 1:5-9; 1. Petr. 5:1-4):

Geistliche Kompetenz	Charakterlich-emotionale Kompetenz	Familiäre Kompetenz	Soziale Kompetenz	Fachliche Kompetenz
heilig (d.h. jemand, der in echter Heiligung lebt)	nüchtern kein Trinker, nicht dem Wein ergeben	Mann einer Frau (nicht polygam; ist seiner Frau treu)	hat ein gutes Zeugnis vor denen, die draußen sind, damit er nicht in übles Gerede und in den Fallstrick des Teufels gerät	fähig zu lehren fähig, mit der gesunden Lehre zu ermahnen
hält an dem der Lehre gemäßen zuverlässigen Wort fest (ist im Wort Gottes verwurzelt und liebt es von ganzem Herzen)	besonnen sittsam nicht Geld liebend nicht schändlichem Gewinn nachgehend	steht dem eigenen Haus gut vor hält seine Kinder mit aller Ehrbarkeit und Unterordnung	gerecht gastfreundlich	fähig, die Widersprechenden zu überführen
herrscht nicht über die Herde	enthaltsam nicht eigenmächtig		nicht streitsüchtig	

Geistliche Kompetenz	Charakterlich- emotionale Kompetenz	Familiäre Kompetenz	Soziale Kompetenz	Fachliche Kompetenz
nicht ein Neubekehrter dient freiwillig und bereitwillig, Gott gemäß, nicht aus Zwang hat ein reines Gewissen	nicht jähzornig das Gute liebend ehrbar nicht doppelzüngig	hat gläubige Kinder, die nicht eines ausschweifenden Lebens beschuldigt werden oder aufsässig sind	untadelig (befolgt die Gesetze des Landes, lebt vor den Menschen integer) kein Schläger milde	fähig, die Herde Gottes zu hüten

Tabelle 23: Biblische Qualifikationen für Leiter

10.11. Wachstumshindernde und -fördernde Ansätze

Die folgende Tabelle und das anschließende Schema fassen die wichtigsten Prinzipien dieses Kapitels noch einmal zusammen:

Wachstumshindernd Fremde Identität	Wachstumsfördernd Insider Identität
Das Evangelium wird als eine fremde Religion, als außerhalb der ethno-kulturellen Identität eingeführt.	Das Evangelium wird auf eine Art eingeführt, die mit der lokalen ethno-kulturellen Identität kompatibel ist.
Neue Gläubige werden von ihrem Umfeld extrahiert.	Neue Gläubige bleiben in ihrem gottgegebenen Umfeld.
Neue Gläubige werden zu kulturellen Christen.	Neue Gläubige identifizieren sich selber als Muslime, die Isa al-Masih nachfolgen.

Wachstumshindernd	Wachstumsfördernd
Gemeinschaft als Fremdkörper	**Die eingepflanzte Insider-Gemeinschaft**
Gemeinde wird ein völlig neues Netzwerk, das mit den natürlichen, bestehenden sozialen Netzwerken des Gläubigen in Konkurrenz tritt.	Gemeinde wächst innerhalb der bestehenden Familien- und sozialen Netzwerke des Gläubigen.
Gläubige werden aus ihren Familien extrahiert und zu einer neuen, fremden Gemeinschaft geformt.	Das Evangelium wird in die bereits bestehenden Familien- und Gemeinschaftsnetzwerke gepflanzt und verwandelt diese von innen.
Gläubige formen eine neue Gemeinschaft zusammen mit ihnen unbekannten Gläubigen oder Ausländern.	Gläubige wandeln die natürlichen, bereits existierenden sozialen Netzwerke (Familien) in Jesus Gemeinschaften um.
Nur Gläubige, extrahiert aus ihrem Kontext – klare Linie zwischen „drinnen" und „draußen".	Auch Ungläubige, bleiben in ihrem Umfeld – keine klare Linie, Weizen und Unkraut wachsen zusammen bis am Ende.
Fremde Leiterschaft	**Lokale Leiterschaft**
Fremde leiten die Versammlung und setzen später Älteste ein, wenn diese bereit sind.	Fremde ermutigen lokale Leiterschaft von Beginn weg und stärken bereits bestehende Autoritätsstrukturen.
Fremde leiten, weil einheimische Gläubige einander nicht kennen und vertrauen.	Einheimische Gläubige leiten, weil sie in dem ihnen bekannten Netzwerk sind.
Fremde Leiterschaft	**Lokale Leiterschaft**
Bibelschulabschluss für Leiterschaft Bedingung.	Nebenberufliche on-the-job Weiterbildung.
Pastoren von außen werden als Leiter eingesetzt.	Älteste von innerhalb der Gemeinschaft werden als Leiter eingesetzt.

Wachstumshindernd	**Wachstumsfördernd**
Fremde Gemeindeformen	**Einheimische Gemeindeformen**
Fremde Gemeindeformen werden von außen übernommen.	Gemeinschaft entwickelt ihre eigenen, kulturell angepassten Formen für Gemeinde und Anbetung.
Fremde Gemeindekultur hat fast biblische Autorität.	Bibel als höchste Autorität für Gemeindekultur.
Versammlung muss am Sonntag morgen in einem Kirchengebäude stattfinden.	Kontextuelle Zeiten und Orte für Versammlungen werden von der Gemeinschaft definiert.
Fremdes, „christliches" Vokabular wird gebraucht.	Bekanntes, „islamisches" Vokabular wird gebraucht.
Formen, die nicht mit der judeo-christlichen Tradition übereinstimmen, werden als häretisch betrachtet. Gemeindeformen werden von fremder Leitung definiert.	Apg. 15 angewandt – Neugläubige müssen nicht Christen werden, um Jesus nachzufolgen und können ihre Gemeindeformen im Licht des Wortes Gottes und unter der Leitung des Heiligen Geistes selber definieren.
Fokus auf Gemeindeveranstaltungen	**Einheimische Gemeindeformen**
Konzentriert auf Pastoren und Lokale – Gottesdienst ist einmal in der Woche.	Konzentriert auf Familien und Häuser – Zusammenleben 24 Stunden am Tag – ganzes Leben ist Gottesdienst.
Man geht zur Gemeinde.	Familie und Gemeinschaft ist Gemeinde.
Abhängigkeit	**Selbstständigkeit**
Ansätze, die nicht lokal multipliziert werden können: teure Gemeindelokale, vollamtliche Mitarbeiter.	Ansätze, die lokal multiplizierbar sind: Hausgemeinden, nebenamtliche Mitarbeiter.

Wachstumshindernd	Wachstumsfördernd
Private, isolierte Verkündigung des Evangeliums	**Halböffentliche Verkündigung des Evangeliums**
Isolierte, heimliche Verkündigung führt zu isolierten Jüngern und einer extrahierten Gemeinde.	Halböffentliche Verkündigung im Rahmen eines Oikos führt zu Gruppenentscheidungen und einer Insider-Gemeinschaft.

Tabelle 24: Wachstumsfördernde und wachstumshindernde Ansätze

Die Gläubigen extrahiert: Die Gläubigen eingepflanzt:

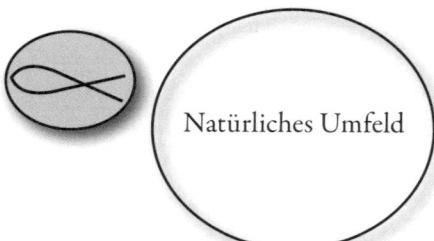 

Schema 25: Extrahierte und eingepflanzte Gläubige

Wenn natürliche und geistliche Gemeinschaften in Konkurrenz zueinander stehen:

- werden familienorientierte Gemeinschaften geschwächt, manchmal sogar zerstört.
- hat die geistliche Gemeinschaft meist Schwierigkeiten, Wurzeln zu schlagen und zu wachsen.
- hat der Gläubige Mühe mit konfliktuellen Identitäten und dualen Autoritätsstrukturen.

Wenn sich natürliche und geistliche Gemeinschaften überschneiden, stärken sie sich gegenseitig.

Kapitel 11

Multiplikation

11.1. Auf ein Netzwerk von mehreren Glaubens- gemeinschaften hin arbeiten

Kleine, isolierte Hausgemeinschaften sind in den meisten Fällen nicht überlebensfähig. Sie laufen Gefahr, die Leiterschaft zu ermüden, sich zu entmutigen oder sogar Irrlehren zu verfallen. Wir empfehlen darum die Etablierung eines Netzwerkes von verschiedenen Hausgemeinschaften, die anerkennen, dass sie einander nötig haben und gemeinsam stärker sind.

Einige Kennzeichen eines solchen Netzwerkes :

> *Leitertreffen:* Die Ältesten der verschiedenen Gemeinschaften treffen sich regelmäßig (z.B. monatlich) zum Austausch, zur gegenseitigen Ermutigung, zum Gebet füreinander und zum gegenseitigen Coaching.

> *Feier:* Hausgemeinden einer bestimmten Stadt oder Region treffen sich zu einer gemeinsamen Feier. Es ist wichtig, die beiden Arten von Versammlungen zu kombinieren: die Zelle (klein, familiäre Atmosphäre, vertraute Beziehungen) und die Feier (groß, Ermutigung). In Apostelgeschichte 5:42 sehen wir, dass die erste Gemeinde sich sowohl im Tempel (Feier) als auch in den Häusern (Zelle) versammelte.

> *Dienstgaben:* Je mehr einheimische Gläubige Dienstgaben entwickeln, desto mehr werden sie diese dem Leib Jesu zur Verfügung stellen. Eine kleine Hausgemeinschaft kann nicht alle Dienstgaben haben, dazu braucht sie den erweiterten Leib Jesu.

> *Gemeinsame Projekte:* Hausgemeinschaften können durch ein Netzwerk Projekte realisieren, die für eine einzelne Gemeinschaft zu groß wären. Solche Projekte könnten beispielsweise die Sendung von neuen Arbeitern,

Hilfe in Notsituationen, Kollekten für Arme und Bedürftige oder die Durchführung von Seminaren und Schulungen sein.

11.2. Die Gemeinschaft multiplizieren

Ziel unserer Arbeit ist ja nicht das Pflanzen einer einzelnen Gemeinschaft, sondern die Segnung eines ganzen Volkes, einer ganzen Gesellschaft. Alles was lebt, wächst und multipliziert sich. Auch gesunde Gemeinschaften werden wachsen und sich multiplizieren.

Hier einige hilfreiche Schritte zur Multiplikation von Gemeinschaften:

➤ *Entsprechende Lehre und viel Gebet*

Allen Mitarbeitern und einheimischen Leitern sollte bewusst gemacht werden, dass die Gemeinschaft dazu berufen ist, sich zu multiplizieren. Die ganze Gemeinschaft soll ernstlich für Wachstum und Multiplikation beten und fasten.

➤ *Viel Evangelisation*

Alle Mitarbeiter, Leiter und Glieder der Gemeinschaft sollten in der Verkündigung engagiert sein. Dabei werden sie die in den Kapiteln 6 und 7 beschriebenen Prinzipien umsetzen.

➤ *Praktische Strategien zur Multiplikation*

- Die Gemeinschaft hat eine gewisse Größe erreicht und wird von mindestens zwei Ältesten geleitet: Jetzt kann sie geteilt werden. Sie sollten nie vertikalen (so viel Gläubige wie möglich in einer Gemeinde), sondern horizontalen (Multiplikation von Gemeinschaften) Wachstum anstreben. Wenn die Gemeinschaft zehn bis zwölf erwachsene Mitglieder hat, ist ein guter Moment gekommen, um eine Zweiteilung ins Auge zu fassen.

- Die Glieder der Gemeinschaft identifizieren neue Männer oder Frauen des Friedens in ihrem bestehenden Beziehungsnetz. Anstatt diese in die bestehende Gruppe zu integrieren, beginnen sie direkt Versammlungen in deren Haus und mit deren Oikos mit dem Ziel, dort eine neue Glaubensgemeinschaft zu etablieren.

- Die Gemeinschaft sät durch alle möglichen Verkündigungsmethoden und findet so neue Personen des Friedens.

➤ *Leitung*

Die Multiplikation kann sowohl durch die fremden Mitarbeiter wie auch durch die Mitglieder der neuen Glaubensgemeinschaft geschehen. Fremde Mitarbeiter sollten ständig darum bemüht sein, die Evangelisationssaat in noch nicht erreichte Oikos' zu pflanzen. Die Mitglieder der Glaubensgemeinschaft ebenso. Grundsätzlich gilt: je mehr Verantwortung die einheimischen, erst kürzlich eingesetzten Leiter übernehmen, desto besser.

Jede Glaubensgemeinschaft ist in ein Netzwerk mit anderen Gemeinschaften eingebunden. Oftmals werden sie nicht von Ältesten geleitet, sondern von Gläubigen, welche ihr Haus für die Treffen geöffnet haben. Älteste wachen über ein Netz von Hausgemeinschaften und besuchen diese regelmäßig oder treffen sich mit deren Verantwortlichen. Somit steht jeder Leiter einer Gemeinschaft unter der geistlichen Verantwortung eines Ältesten. Die Ältesten sollen dadurch freigesetzt sein, sich in die Leiter zu investieren und zugleich die allgemeine Vision für das gesamte Netz weiterzugeben. Dadurch folgen Netzwerke von Hausgemeinschaften dem Beispiel in Apostelgeschichte 6, wo die Ältesten sich vor allem auf das Wort und das Gebet konzentrierten. Je größer das Netzwerk wird, desto mehr Älteste werden gewählt. Bei einer gewissen Größe können sich die Netzwerke auch in verschiedene Netzwerke mit verschiedenen Ältesten teilen. Wo immer möglich treffen sich alle Hausgemeinschaften eines Netzwerkes regelmäßig, beispielsweise monatlich, zu einer gemeinsamen Feier. In manchen islamischen Ländern sind solche Treffen aus Sicherheitsgründen nicht möglich. Auch hier geht es um Multiplikation. Netzwerke sollen sich genauso multiplizieren wie einzelne Hausgemeinschaften.

11.3. Die Leitung übergeben

Paulus vertraute dem Heiligen Geist. Er wusste, dass die Gemeinden durch Schwierigkeiten gehen würden. Aber er wusste auch, dass sie diese Prüfungen auch ohne seine Gegenwart bestehen konnten. Er vertraute auf die Verheißungen Gottes (Phil. 1:6). Darum konnte er nach schon relativ kurzen Aufenthalten in andere Regionen weiterziehen (vgl. Röm. 15:18-24).

In manchen Situationen ließ er die Arbeit in den Händen von einheimischen Ältesten, die die Gemeinschaften multiplizierten, um die verbleibenden Gebiete einer bestimmten Region zu segnen (vgl. 1. Thess. 1:8). An anderen Orten delegierte er treuen Mitarbeitern die Aufgabe, seine angefangene Arbeit fortzusetzen:

Deswegen ließ ich dich in Kreta, dass du vollends ausrichten solltest, was noch fehlt, und überall in den Städten Älteste einsetzen, wie ich dir befohlen habe.
Titus 1:5

Bevor die Mitarbeiter einen Ort verlassen, müssen sie unbedingt neue Leiter für die Arbeit vorbereiten, gegebenenfalls auch ausbilden. Folgende Schritte sind dann für die Übergabe der Leitung empfehlenswert:

➤ Beten und Fasten (Apg. 14:23-24).

➤ Als Zeichen des Segens und der Salbung die Hände auflegen.

➤ Die neue Leiterschaft offiziell anerkennen. Das Netzwerk der Glaubensgemeinschaften muss offiziell wissen, wer von nun an die geistliche Autorität hat.

➤ Die neue Leiterschaft dem Herrn anvertrauen.

Die Übergabe der Leiterschaft ist immer ein Glaubensschritt. Paulus wusste um die Gefahren von untreuen Leitern (2. Tim. 4:10), rückfälligen Gläubigen und häretischen Gemeinden (Gal. 3:1). Trotz diesen Gefahren setzte er lokale Leiter ein und zog weiter. Der Gründer wird sich um das Wohlergehen der Arbeit Sorgen machen, doch muss er sich jetzt mit einem Dienst in der Fürbitte und im Vertrauen auf Gottes Treue begnügen. Gott ist nicht von einem erfahrenen Leiter abhängig (vgl. Moses – Josua). Menschen kommen und gehen, der Heilige Geist aber ist immer derselbe. Manchmal muss der ältere, erfahrene Leiter auch wirklich gegangen sein, ehe die Salbung und Autorität auf dem neuen Leiter sichtbar werden (vgl. Elia – Elisa).

11.4. Der Abschluss eines Kapitels

Eine gute Strategie beinhaltet auch den Abschluss eines Kapitels. Pioniere können zu früh gehen, sie können aber auch zu lange bleiben – beides schadet dem weiteren Verlauf der Arbeit. Mitarbeiter, die besonders begabt sind, eine Arbeit anzufangen, sind nicht immer auch begabt, ein Werk zu konsolidieren. Vielleicht müssen sie weiterziehen, damit sich die von ihnen begonnene Arbeit besser entwickeln kann. Ihr Beitrag wird immer temporär sein – während die lokale Gemeinschaft permanent ist.

Aus diesen Gründen ist von entscheidender Wichtigkeit, dass Mitarbeiter sich von Beginn weg auf die Identifizierung, Ausbildung und Einsetzung neuer Leiter konzentrieren. Sie sollen von Beginn weg daraufhin arbeiten, selber überflüssig zu werden, dem Beispiel des Paulus folgend, der die Botschaft verkündete, die Gemeinschaft einpflanzte, einheimische Leiter einsetzte, ein Kapitel abschloss und weiterzog (vgl. Apg. 14).

Epilog

„... und Ihr sollt ein Segen sein." Wo immer Sie sind, wer immer Sie sind – wenn Sie in der Nachfolge Jesu stehen, sind Sie dazu berufen, andere Menschen, und ganz besonders Menschen aus anderen Kulturkreisen, zu segnen.

Wir haben Ihnen in diesem Buch eine Fülle von Möglichkeiten und Prinzipien beschrieben. An Ihnen ist es nun, diese umzusetzen. Dazu braucht es Überwindung, Mut und Durchhaltevermögen. Die ersten Schritte sind besonders wichtig, aber auch besonders schwierig.

Jesus hat seinen Nachfolgern nie einen einfachen Weg versprochen. Im Gegenteil, wie wir unter Abschnitt 4.7. gesehen haben. Die Herausforderungen sind zahlreich, die Schwierigkeiten mögen Ihnen manchmal unüberwindlich scheinen.

Doch Jesus hat versprochen, alle Tage bis ans Ende der Welt, bei Ihnen zu sein. Seine Gegenwart und sein Friede werden Sie leiten. Vertrauen Sie ihm und gehen Sie im Glauben an ihn und seine Hilfe die ersten Schritte – er wird Sie nicht enttäuschen.

Das göttliche Mandat, alle Familien der Erde zu segnen, ist nicht ein unmöglicher Auftrag. Erinnern Sie sich: Dieses Mandat ist nicht zuerst das große Gebot, sondern die große Verheißung. In unserer Generation sind mehr Menschen aus muslimischem Hintergrund in die Nachfolge Jesu getreten als in der ganzen Geschichte zuvor. In den letzten drei Jahrzehnten wurden mehr Glaubensgemeinschaften in islamischen Kulturen und Völkern eingepflanzt als je zuvor. In den letzten Jahren erst durften wir hören und sehen, wie in gewissen islamischen Gebieten ganze Dörfer mit Hunderten, ja Tausenden von Menschen in die Nachfolge des Messias getreten sind.

Gott ist dabei, seine Verheißungen zu erfüllen und alle Völker zu segnen – auch und gerade dort, wo wir es vielleicht nicht erwartet, und vielleicht nicht einmal erbetet, haben.

Gott lädt Sie heute dazu ein, Teil zu werden seines weltweiten Plans, alle Völker zu segnen. Alles andere als Ihr radikales Engagement dazu wäre ganz einfach zu wenig.

Anhang

1. Definition: Insider Movement

Es gibt verschiedene Meinungen und auch Missverständnisse, was ein Insider Movement (IM) ist. Es ist auch so, dass verschiedene Leute verschiedene Meinungen diesbezüglich haben. Untenstehend zeige ich zuerst Unterschiede zu anderen Bewegungen auf, dann werden wir verschiedene Definitionen betrachten. Zudem ist zu beachten, dass in diesen Diskussionen gerade auch im Deutschen oftmals die englischen Ausdrücke gebraucht werden. In dieser Arbeit werden wir dies auch so halten: Insider Movement (IM)[1], People Movement (PM)[2], Church Planting Movement (CPM)[3].

1.1. Insider Movements unterscheiden sich von People Movements

McGavran spricht von People Movements schon seit 1950. Die Stärke dieser Bewegungen war, dass ganze Gruppen ihre alte Religion verließen, um danach Christen zu werden. Die Leute bleiben als Gruppe zusammen, verließen aber ihre religiöse Zugehörigkeit und Identität. [4]

1.2. Insider Movements unterscheiden sich von Church Planting Movements

Garison beschreibt Church Planting Movements folgendermaßen: Ein CPM ist eine Bewegung von schnell multiplizierenden einheimischen Gemeinden innerhalb einer Volksgruppe. [5]

---

1 Keine direkte Übersetzung ins Deutsche möglich – siehe daher die verschiedenen Definitionen im Text
2 Auf Deutsch: Völkerbewegungen
3 Auf Deutsch: Gemeindegründungsbewegungen
4 C. Peter Wagner & Donald A. McGavran, *Understanding Church Growth* (Wm. B. Eerdmans Publishing Co.1990), 223.
5 David Garrison, *Church Planting Movements* (Bangalore India: WIGTake Resources, 2004),21.

CPM's und IM's haben dasselbe Ziel, nämlich Bewegungen mit Tausenden von Menschen, welche dem Herrn Jesus begegnen. CPM's beziehen sich meistens auf Menschen, welche Christen werden. CPM's gebrauchen eher das Modell der Hausgemeinden, brechen aber bewusst mit ihrer ehemaligen Religion und bezeichnen sich selbst als Christen. Das CPM wird von Einheimischen geleitet und hat kontextualisierte Formen. Bei CPM's werden Bewegungen mit einfachen Gemeindestrukturen angestrebt, damit sie sich einfach multiplizieren können. Alle diese Bewegungen werden von einheimischen Leitern geführt. Wie bei den PM's ändern die Leute ihre sozial religiöse Zugehörigkeit und erhalten eine neue Identität.

1.3. Insider Movements können sich von C5-Bewegungen unterscheiden

Einige Menschen setzen IM's mit dem Kontextualisierungsgrad C5[6] gleich. Dies kann, aber muss nicht so sein. Es gibt IM's, welche unter C4 oder C3/C2 geschehen können. Dies ist der Fall, wenn sich ganze Völkerschichten vom Islam abwenden und eine neue Identität suchen. Dies geschieht oftmals, wenn diese Völker von anderen islamischen Völkern unterdrückt oder verfolgt werden. Das gesamte Volk sucht eine neue Identität und wendet sich von vielen islamischen Formen und Praktiken ab. Somit können wir eine solche Hinwendung auch als Insider Movement bezeichnen, da ein großer Teil des Volkes eine neue Identität sucht. Daraus können wir entnehmen, dass das Evangelium sich innerhalb der sozioreligiösen Werte verbreitet. Dies bestätigt das Beispiel der Kabylen in Algerien.

1.4. Verschiedene Definitionen von IM's

> Eine Insiderbewegung ist jegliche Bewegung zum Glauben an Christus bei der

>> a. sich das Evangelium durch zuvor bestehende Gruppen und soziale Netzwerke ausbreitet.

>> b. gläubige Familien als gültigen Ausdruck des Leibes Christi innerhalb ihrer sozioreligiösen Gruppe bleiben, ihre Identität als Mitglieder dieser Gruppe behalten, indem sie völlig unter der Herrschaft Jesu und der Autorität der Bibel leben.

---

6   C5 ist ein Kontextualisierungsgrad für Muslime, welche an Jesus glauben. Die Skala geht von C1-C6. Mehr darüber siehe unter:
     http://www.ijfm.org/PDFs_IJFM/17_1_PDFs/Followers_of_Isa.pdf

➤ Insider Movements behinhalten zahlemäßiges rasches Wachstum von Gläubigen über die Grenzen hinaus, was den Einfluss oder die Kontrolle der Menschen betrifft, welche die Gute Botschaft brachten. Diese Menschen sind gewöhnlich Jesus-Nachfolger, welche in ihrer ethno-religiösen Identität bleiben.

Meine Definition von Insider Movements beinhaltet drei Bereiche, bei denen der „Insidergedanke" eine große Rolle spielt:

1. in den sozialen Strukturen

2. im religiösen Leben (inklusive Begriffe und Praktiken)

3. in der weiteren kulturellen Umgebung

Es gibt in allen drei Bereichen Dinge, welche vom Evangelium als gut und wahr bestätigt werden können; andere Bereiche müssen durch das Evangelium umgewandelt werden, weil sie der Botschaft Christi widersprechen und teilweise unter Einfluss von finsteren Mächten stehen.

Bei Insider Movements geht es darum, dass bestehende Gruppen sich zusammen zu Jesus hinwenden. Sie erhalten damit eine neue geistliche Identität als Mitglieder des Königreiches Gottes und als Jünger Jesu. Im Unterschied zu den PM's und den CPM's ist die neue geistliche Identität nicht verbunden mit einer Änderung ihrer politischen und vor allem sozioreligiösen Identität.

Anders ausgedrückt können wir sagen, dass bei IM's folgendes passiert:

➤ Die Gute Botschaft fasst Wurzeln in bestehenden Gruppen oder Netzwerken, welche danach gerade als Hauptort für das Gemeindeleben dienen.

➤ Gläubige bleiben in ihrer Identität als Mitglieder ihrer politischen und sozioreligiösen Umgebung, leben aber unter der Herrschaft von Jesus Christus und der Autorität der Bibel, geleitet durch ihre neue geistliche Identität in Christus.

➤ Als Insider Movements zu Christus bezeichne ich alle Bewegungen, welche durch zuvor existierende Gruppen oder Netzwerke geschehen. Diese können auf der Skala von John Travis C1 bis C5 haben. C6 schließe ich aus, da Bewegungen unmöglich völlig versteckt sein können. Die islamische Welt ist sehr vielfältig und die Muslime sind unterschiedlich an ihre Religion, und damit an den Koran und die Moschee, gebunden. Verschiedene Wege müssen je nach Situation gefunden werden.

2. Biblische Gedanken zu Insider Movements

In der Folge wollen wir verschiedene Bibelstellen betrachten, welche uns den Gedanken von IM's biblisch aufzeigen.

2.1. Drei Gleichnisse von Jesus

Wir betrachten das Gleichnis vom Sämann (Mk. 4:20) und die Gleichnisse vom Senfkorn und vom Sauerteig (Mt. 13:31-33). Aus diesen drei Gleichnissen lässt sich erkennen, dass Gott *großes Wachstum erwartet*. Im Gleichnis vom Sämann lesen wir von dreißig-, sechzig- und hundertfacher Frucht. Weiter sehen wir wie das Senfkorn als kleinstes der Körner zu einem großen Baum heranwächst und wie der Sauerteig den ganzen Teig durchsäuert. Jesus beschreibt hier eine spezielle Strategie, die zu diesem dramatischen Wachstum führen würde: Die Gute Botschaft soll so unter die Menschen gebracht werden wie der Sauerteig unter den Teig gemischt wird oder das Korn in den Boden gesteckt wird. Diese Gleichnisse zeigen uns, dass die Gute Botschaft als *etwas Kleines, Unscheinbares gesät wird, dann aber mächtig aufgeht*. Beim Sauerteig sehen wir gut, dass nur wenig davon den gesamten Teig von innen her durchsäuert. Genau deshalb soll Jesus in bestehende Familiennetze und Gesellschaften gebracht werden und diese von innen heraus verändern.

2.2. Juden, welche Jesus als Messias kennenlernten

Wir sehen in Apg. 2:46, dass sich die gläubig gewordenen Juden weiterhin im Tempel und in den Häusern trafen. Sie nahmen weiterhin am Leben der Juden teil und gingen, so lange sie konnten, auch in den Tempel und nahmen an den jüdischen Praktiken im Tempel teil. Solange die an Jesus gläubig gewordenen Juden im Tempel zusammenkommen durften, praktizierten sie dies. Weil ihre Anzahl von Anfang an mehrere Tausend Menschen betrug, wurden sie schnell entdeckt und kurz darauf aus dem Tempel verwiesen. Auch wenn sie nicht mehr in den Tempel gehen konnten, nannten sich die Menschen nicht plötzlich Christen, sondern sie waren immer noch Juden, welche dem Herrn Jesus nachfolgten. Dies blieb so, auch wenn sie nicht mehr in den Tempel gehen konnten.

2.3. Samariter – Johannes 4

Jesus selbst teilt das Evangelium mit der Samariterin. Auf die Frage der Frau, wo sie denn anbeten sollen, gibt Jesus folgende Antwort:

> *Jesus spricht zu ihr: Weib, glaube mir, es kommt die Zeit, dass ihr weder auf diesem Berge noch zu Jerusalem werdet den Vater anbeten. Aber es kommt die Zeit und ist schon jetzt, dass die wahrhaftigen Anbeter werden den Vater anbeten im Geist und in der Wahrheit; denn der Vater will haben, die ihn also anbeten. Gott ist Geist, und die ihn anbeten, die müssen ihn im Geist und in der Wahrheit anbeten.*
> Johannes 4:21.23-24 (Luther-Übersetzung 1912)

Jesus zeigt klar, dass es nicht wichtig ist, von wo oder aus was für einem Volk man stammt, um ihn anzubeten. Wahre Anbetung geschieht im Geist und in der Wahrheit. Jesus erwähnt mit keinem Wort, dass die Frau ihren samaritischen Hintergrund verlassen müsste, um ihn anbeten zu können.

2.4. Heiden – Apgostelgeschichte 10

Mit seinem ganzen Haus wendet sich Kornelius Jesus zu. Kornelius war ein Heide, der von ganzem Herzen den Herrn suchte und schließlich mit seinem gesamten Haushalt zum Glauben an Jesus kam. Petrus erwähnt mit keinem Wort, dass er irgendwelche jüdischen Riten vollziehen musste, um gerecht zu werden. Der Glaube an Jesus allein genügt. Es wird auch nicht erwähnt, dass Kornelius Christ geworden wäre. Er bekam eine neue geistliche Identität und wurde mit dem Heiligen Geist erfüllt, blieb aber offensichtlich in seinem Umfeld. Jetzt haben wir also einen „gottesfürchtigen Menschen" – einen Menschen, welcher die Gesetze der Juden befolgte, ohne sich aber beschneiden zu lassen – oder Heiden, der Jesus begegnet ist und vom Heiligen Geist erfüllt wurde, ohne dass er sich nach seiner Begegnung mit Jesus Christ nannte.

Wir könnten auch noch das Apostelkonzil in Apostelgeschichte 15 betrachten oder verschiedene andere Predigten von Paulus. Klar ist, dass nirgends in der Bibel erwähnt wird, dass man „Christ" werden muss, um Jesus nachzufolgen. Juden, Samariter und Römer/Heiden konnten Jesus nachfolgen und in ihrem Umfeld bleiben. Warum sollte dies für die Muslime von heute anders sein?

3. Schlussfolgerung

Ich halte es für möglich, dass Muslime an Jesus glauben können und weiterhin in ihrem sozioreligiösen Umfeld bleiben. Damit behalten sie die Identität als Mitglied der Gesellschaft, was in diesem Falle gleichgestellt ist, ein „Muslim" zu sein. Muslim heißt übersetzt ja nichts anderes als sein Leben ganz Gott hinzugeben. Natürlich fügen die Muslime an, dass dies im Namen Mohammeds geschieht. Hier sehen wir den großen Unterschied. An Jesus gläubige Muslime bleiben in ihrer sozioreligiösen Identität, bekommen aber eine neue geistliche Identität in Jesus Christus. Er ist ihr einziger Retter und Heiland. In seinem Namen haben sie ihr Leben ganz Gott hingegeben und damit hat nur die Bibel völlige Autorität über ihr Leben.

Es gibt nicht nur eine völlig richtige Form, wie Muslime zu Jesus finden. Jeder Arbeiter soll im Gebet den Herrn suchen um erkennen zu können, durch welche Strategie am meisten Muslime seines Volkes ins Reich Gottes kommen können.

4. Fragen, welche bei Insider Movements gestellt werden müssen

➤ Glauben die Gläubigen, dass sie alleine und nur durch die Gnade Gottes in Jesus Christus gerettet werden?

➤ Stehen die Gläubigen in einer reellen Beziehung zu Gott und werden durch sie das Wort Gottes und die Kraft des Heiligen Geistes immer mehr in das Bild von Jesus Christus umgewandelt, sowohl persönlich als auch als Jesus zentrierte Gemeinschaft?

➤ Sind sie fähig, in ihrem Glauben zu wachsen, auch wenn sie sich in einer Umgebung befinden, die nicht alle biblische Wahrheiten akzeptiert?

➤ Bringt das Bleiben in ihrer religiösen Identität Frucht? Kommen andere Menschen durch sie in die lebendige Beziehung mit Jesus Christus?

➤ Werden neue Gruppen von Jesus-Nachfolgern innerhalb ihrer Identität geformt?

➤ Die Frage nach der Motivation ist sehr wichtig. Warum wollen diese Menschen „Insider" sein. Ist es aus Angst oder tun sie dies in der Hoffnung, ganze Schichten ihres Volkes von innen heraus mit dem Evangelium zu durchdringen?

Index der Schemen und Tabellen

Ernst Jakob Christoffel
Ein Leben im Dienst Jesu

**Ernst Jakob Christoffel
Gründer der Christlichen Blindenmission im Orient
der Freundeskreis, die Mitarbeiter
anhand von Briefen, Schriften und Dokumenten
im Auftrag der Christoffel-Blindenmission
zusammengestellt von**

Sabine Thüne

Ernst Jakob Christoffel (1876-1955) war nicht nur Gründer der heutigen Christoffel-Blindenmission. Er war auch ein Pionier christlicher Mission unter Blinden, anders Behinderten und Straßenkindern in der Türkei und in Persien. Er baute Blindenheime in Malatia, Täbris und Isfahan auf und das Heim für mehrfachversehrte deutsche Kriegsblinde in Nümbrecht bei Köln.

Sabine Thüne hat mit dieser Arbeit neben einem biographischen Abriss eine umfangreiche Quellensammlung vorgelegt, in der unveröffentlichte Briefe und Texte des Missionars, Auszüge aus gedruckten Publikationen der Blindenmission, aber auch zahlreiche Dokumente aus anderen Archiven zu finden sind.

So bietet die dokumentarische Erschließung von Leben und Werk Christoffels eine gute Grundlage dafür, die Geschichte evangelischer Missionen unter Muslimen weiter fortzuschreiben.

Pb. • 452 S. • 34,95 € [D] / 36,00 € [A] / 63,00 CHF
Best.-Nr. 860.539 • ISBN 978-3- 937965-39-0

VTR • Gogolstr. 33 • 90475 Nürnberg • Germany
☎ +49 / (0)9 11 - 83 11 69
info@vtr-online.eu • http://www.vtr-online.eu

Das Beste gegeben

Gary Witherall

Am 21. November 2002 durchdrang der Lärm von Schüssen die kleine Klinik in der libanesischen Hafenstadt Sidon. Durchsiebt von den Gewehrsalven eines Terroristen, lag die junge Bonnie Witherall tot auf dem Boden.

Ist das wofür Du lebst auch wert, dafür zu sterben? – Diese Frage hatten sich Gary und Bonnie Witherall gestellt. Deswegen hatten sie ihre erfolgreichen Karrieren und ihr bequemes Leben in den USA aufgegeben und waren in den Libanon gezogen. Ihnen war es wichtiger, palästinensischen Flüchtlingen zu helfen und ihnen von Jesu Liebe weiterzusagen als Zuhause ein prall gefülltes Bankkonto und ein nettes Haus in einem schönen Vorort zu haben. Sie waren bereit, ihr Bestes zu geben, auch wenn dies schließlich Bonnie das Leben kosten sollte.

In diesem bewegenden Buch erzählt Gary Witherall aus seinem und Bonnies Leben. Ehrlich und offen berichtet er über Lachen und Tränen, über Höhen und Tiefen, über Siege und Niederlagen, vor allem aber über Gottes Treue und Liebe – trotz manchem Schmerz und mancher offener Fragen.

Ein Buch, das den Leser nicht als neutralen Beobachter an der Seite stehen lässt. Zu packend ist Garys Geschichte und zu persönlich die Ausschnitte aus Bonnies Tagebuch. Ein Buch, das auch Dich vor die Frage stellt: Bist Du bereit, dein Bestes für Gott zu geben?

Pb. • 167 S. • 9,50 € [D] / 9,80 € [A] / 16,80 CHF
Best.-Nr. 860.569 • ISBN 978-3-937965-69-7

VTR • Gogolstr. 33 • 90475 Nürnberg • Germany
☎ +49 / (0)9 11 - 83 11 69
info@vtr-online.eu • http://www.vtr-online.eu